Paul M
Anne will ein Zw

CW00594469

Der Autor:

Paul Maar wurde 1937 in Schweinfurt geboren, wo er heute noch mit seiner Familie lebt. Nach einem Studium der Malerei und Kunstgeschichte in Stuttgart war er zunächst als freier Maler tätig, dann als Kunsterzieher. Inzwischen ist der Geschichtenerzähler, Erfinder von Versen, Rätseln, Wort- und Buchstabenspielen ein bekannter Kinderbuchautor geworden, der für seine Bücher den Deutschen Jugendliteraturpreis und zahlreiche andere Auszeichnungen erhielt. Und weil er ebenso gut zeichnen wie schreiben kann, illustriert er seine Bücher vielfach selbst – so auch »Anne will ein Zwilling werden«, das in der Auswahlliste zum Deutschen Jugendliteraturpreis stand. Einige seiner bekanntesten Bücher heißen: »Kartoffelkäferzeiten«, »Türme«, »Eine Woche voller Samstage«, »Am Samstag kam das Sams zurück« und »Neue Punkte für das Sams«.

Paul Maar

Anne will ein Zwilling werden

Geschichten und Bildergeschichten von
Anne und Hannes

Deutscher Taschenbuch Verlag

April 1994
Ungekürzte Ausgabe
Deutscher Taschenbuch Verlag GmbH & Co. KG, München
© 1982 Verlag Friedrich Oetinger, Hamburg
ISBN 3-7891-1955-5
Umschlaggestaltung: Celestino Piatti
Umschlagbild: Paul Maar
Gesamtherstellung: Kösel, Kempten
Printed in Germany · ISBN 3-423-70321-0

Inhalt

Anne kann nicht einschlafen

Es ist schon ziemlich spät am Abend.

Hannes und Anne müßten eigentlich längst schlafen. Hannes schläft auch schon fast. Aber Anne kann nicht einschlafen. Und wenn Anne nicht einschlafen kann, sorgt sie schon dafür, daß ihr Bruder auch nicht schläft.

Erst setzt sie sich im Bett auf und versucht, Hannes drüben in seinem Bett unverwandt anzugucken. Das hat sie einmal gemacht, als Hannes am Nachmittag eingeschlafen war, und davon war er prompt wach geworden. Aber jetzt ist es wohl zu dunkel im Zimmer. Hannes bewegt sich nicht einmal, obwohl sie ganz lange in seine Richtung starrt.

Sie wälzt sich ein paarmal heftig von einer Seite zur anderen. Ihr Bett ächzt und knarrt. Normalerweise beschwert sich Hannes spätestens nach dem dritten Ächzen. Aber diesmal bleibt er still. Vielleicht schläft er wirklich schon, denkt Anne und flüstert: „Hannes!"

Und als er immer noch nicht antwortet, flüstert sie etwas lauter: „Hannes, schläfst du schon?"

„Nun schlaf doch endlich! Es ist schon ganz, ganz spät", sagt Hannes ärgerlich. Damit hat er zwar ihre Frage nicht direkt beantwortet, aber jedenfalls hat er geredet. Und einer, der redet, kann ja nicht schlafen. Dann kann sie auch gleich weiterfragen.

„Meinst du, es dauert noch lange, bis Papa und Mama aus dem Kino heimkommen?" will sie wissen.

„Ja, noch lange", antwortet Hannes unwirsch und dreht sich geräuschvoll auf die andere Seite.

„Du, Hannes ...." fängt Anne wieder an.

Hannes gibt keine Antwort.

Anne läßt sich nicht beirren. „Du, Hannes, ich kann nicht einschlafen", sagt sie.

„Das merkt man", sagt Hannes.

„Du, Hannes, red doch ein bißchen mit mir", bettelt sie.

Hannes gibt wieder keine Antwort.

„Wenn du nicht mit mir redest, hab ich Angst. Und dann muß ich weinen!" droht Anne.

Hannes seufzt. „Ich kann doch nicht dauernd reden", sagt er.

„Dann erzähl mir was, ja?"

„Was soll ich denn erzählen?"

„Eine Geschichte."

„Ich bin zu müde", sagt Hannes. Noch versucht er, sich zu wehren. „Ich mag jetzt nicht mehr das Licht anknipsen, und ich mag auch kein Buch holen."

„Du sollst ja auch nichts vorlesen. Nur was erzählen. Eine Geschichte, irgendwas."

„Also gut", sagt Hannes seufzend. Nun hat er sich damit abgefunden, daß er vorerst nicht zum Schlafen kommt.

„Du erzählst ja gar nichts!" sagt Anne vorwurfsvoll von drüben.

„Das geht doch nicht so schnell! Ich muß mir doch erst etwas ausdenken. Ich kann doch nicht einfach draufloserzählen", sagt Hannes ungnädig.

Und aus Trotz macht er jetzt erst mal eine besonders lange Pause.

Diesmal wartet Anne auch geduldig, und schließlich fängt er an: „Also: Es waren einmal zwei Kinder, die wohnten ganz, ganz tief im Wald."

„Schöööön!" lobt Anne ihn und kuschelt sich gemütlich in ihr Kopfkissen.

Hannes erzählt weiter: „Ihr Vater war ein armer, armer Holzfäller, und die Mutter war ... äh ..."

„Sekretärin", schlägt Anne vor.

„... und die Mutter war eine arme, arme Sekretärin. Eines Tages hat der Vater zu den Kindern gesagt: ‚Ich muß euch heute ganz allein lassen, ich muß in die Stadt, mein Holz verkaufen. Und die Mutter ..."

„... ist ins Kino ..." ergänzt Anne.

„... und die Mutter ist ins Kino gegangen.' Die Eltern haben die beiden Kinder ganz allein im Haus gelassen. Die Kinder saßen daheim ..."

„... und haben sich gefürchtet", sagt Anne überzeugt.

„So? Warum denn?" fragt Hannes.

„Weil es manchmal so hell wird im Zimmer, und dann ist es wieder dunkel", erklärt Anne ihm.

„Ach so", sagt Hannes und erzählt weiter: „Das größere von den beiden Kindern war ein Junge. Der hat nicht so viel Angst gehabt, weil er schon älter war. Und als es wieder einmal hell wurde im Zimmer, hat der Junge aus dem Fenster geschaut. Und was hat er draußen gesehen?"

„Eine Hexe hat mit ihrer Taschenlampe reingeleuchtet", sagt Anne und zieht sich die Zudecke über den Kopf.

„Der Junge hat gedacht: Nanu, was will denn die

Hexe mit ihrer Taschenlampe da draußen? Und als er ganz genau hingeschaut hat, da hat er gemerkt, daß es überhaupt keine Hexe war!"

„Was denn sonst?" fragt Anne und kommt wieder ein bißchen unter der Zudecke hervor.

„Ein Auto ist draußen vorbeigefahren. Und wenn die Scheinwerfer das Haus angeleuchtet haben, ist ein bißchen Licht durch die Fensterläden gekommen, und im Zimmer bei den Kindern war es hell. Und wenn das Auto vorbeigefahren war, war es wieder dunkel."

„Ach so!" sagt Anne erleichtert und wühlt ihren Kopf wieder ganz aus der Zudecke.

„Und als die Kinder das merkten, hatten sie keine Angst mehr und sind gleich eingeschlafen", sagt Hannes schnell.

Aber Anne ist anderer Meinung.

„Nein!" sagt sie bestimmt.

„Wieso nein?" fragt Hannes.

„Weil es draußen immer so geklopft hat", erklärt Anne ihm.

„Und wer hat da draußen immer so geklopft?" fragt Hannes interessiert.

„Ein böser Mann oder ein Räuber", sagt Anne und

schlüpft doch lieber wieder ganz unter die Zudecke. Deshalb muß Hannes weitererzählen: „Der große Junge hat natürlich keine Angst gehabt. Er wollte den Räuber verjagen. Er hat sich ganz, ganz, ganz leise zum Fenster geschlichen und hat hinausgeschaut. Und weißt du, was er gesehen hat?"

„Den Räuber?" fragt Anne schaudernd.

„Keine Spur", sagt Hannes lässig. „Draußen hat der Wind geweht. Und der große Ast vom Baum neben dem Haus hat immer an die Hauswand geschlagen: Klopf, klopf, klopf, klopf ... Hörst du's?"

Die beiden lauschen mit angehaltenem Atem, und jetzt hört man wirklich, wie der Ast vom Wind gegen die Mauer geschlagen wird.

„Ja, ich hör's", flüstert Anne.

„Und als der große Junge das gesehen hat, hat er gewußt, daß sie nun keine Angst mehr haben müssen. Er hat das kleine Kind gefragt: ‚Hast du noch Angst?'; und das kleine Kind hat gesagt ..."

„Gute Nacht Hannes", sagt Anne schläfrig.

Hannes fängt noch einmal an: „Er hat das kleine Kind gefragt: ‚Hast du noch Angst?' Aber das kleine Kind hat keine Antwort gegeben."

Hannes macht eine ganz lange Pause und lauscht.

Von drüben, von Annes Bett, kommt kein Protest, er hört nur ihre gleichmäßigen Atemzüge.

Aber irgendwie möchte Hannes seine Geschichte doch zu Ende erzählen. Darum sagt er ganz leise: „Das kleine Kind hat keine Antwort gegeben, weil es nämlich eingeschlafen war. Da hat sich das große Kind auf die Seite gelegt und ist auch eingeschlafen."

Dann deckt er sich gut zu und legt sich auf die Seite. Eine Zeitlang liegt er auf der rechten Seite, dann wälzt er sich auf den Rücken. Nach einer Weile wälzt er sich auf den Bauch, schließlich auf die linke Seite. Noch eine Weile, und er dreht sich wieder auf den Rücken. Er muß den Schluß der Geschichte wohl noch einmal erzählen.

„Aber das große Kind konnte jetzt nicht mehr einschlafen, weil es vom Erzählen viel zu wach geworden war", murmelt er ärgerlich und dreht sich wieder auf die rechte Seite.

Kurz darauf kommen Mama und Papa nach Hause. Mama macht noch einmal kurz Licht im Kinderzimmer und schaut nach den Kindern. Hannes richtet sich in seinem Bett ein bißchen auf und blinzelt ins Licht.

„Ja, Hannes, du bist ja noch wach!" flüstert Mama erstaunt. „Wieso schläfst du denn nicht?"

„Ich kann nicht", flüstert Hannes zurück.

„Du mußt es nur ganz fest versuchen. Schau nur, wie schön Anne schläft!" Mama macht das Licht wieder aus. „Du solltest dir an deiner kleinen Schwester ein Beispiel nehmen! Gute Nacht."

15

16

Anne geht einkaufen

„Anne", sagt Mama, „Anne, paßt du mal kurz auf das Essen auf? Dreh das Gas klein, wenn es anfängt zu kochen, ja? Ich muß mal schnell einkaufen gehn."

„Wohin gehst du denn? Dauert es lange?" fragt Anne.

„Ich geh nur in die Drogerie an der Ecke. Ich will für Frau Neugebauer eine Packung Windeln kaufen, ich hab's ihr versprochen. Sie kann ja so schlecht weg mit dem Baby. Ich bin gleich wieder da", sagt Mama.

„Weißt du was: *Du* paßt auf das Essen auf und *ich* geh einkaufen!" schlägt Anne vor.

„Du?" sagt Mama überrascht und überlegt. „Aber du hast noch nie alleine eingekauft ..."

„Dann kauf ich eben heute zum erstenmal alleine ein. Ich kann ja auch alleine in den Kindergarten gehn", sagt Anne. „Ich weiß doch, wo die Drogerie ist. – Was soll ich kaufen?"

„Na gut, wir können's ja mal versuchen. Du mußt mir nur versprechen, immer auf dem Bürgersteig zu bleiben", sagt Mama. „Ich brauche nur eine Packung Windeln. Ich schreib's dir auf."

„Aufschreiben?" sagt Anne und lacht. „Du weißt doch, daß ich noch gar nicht lesen kann."

„Du gibst der Verkäuferin in der Drogerie den Zettel, und die liest es dann ab", schlägt Mama vor.

„Nein, ich will richtig einkaufen. Ich will's selber sagen! Ich kann mir doch ‚Windeln' merken", sagt Anne.

„Aber es müssen ganz bestimmte Windeln sein. Frau Neugebauer braucht eine Packung Doktor Müllers Baby-Windeln. Kannst du dir das merken?"

„Na klar!" sagt Anne.

„Dann wiederhol's mal!" sagt Mama. „Was sollst du kaufen?"

„Eine Packung Doktor Müllers Baby-Windeln, eine Packung Doktor Müllers Baby-Windeln, eine Packung Doktor Müllers Baby-Windeln ..."

„Schon gut, schon gut, ich seh, du kannst es!" sagt Mama. „Hier ist das Geld. Aber laß dich nicht ablenken unterwegs, sonst vergißt du's noch!"

„Eine Packung Doktor Müllers Baby-Windeln, eine

Packung Doktor Müllers Baby-Windeln", sagt Anne vor sich hin, während sie die Treppe hinuntersteigt. Sie geht vorsichtig, damit sie nicht stolpert. Es ist wirklich eine lange und schwierige Wortschlange, die sie sich da merken muß. Wenn sie stolperte, würde sie bestimmt alles durcheinanderbringen vor lauter Schreck!

„Eine Packung Doktor Müllers Baby-Windeln. Eine Packung Doktor Müllers Baby-Windeln …"

Draußen vor dem Haus steht ein kleiner brauner Hund. Wem der wohl gehört? Ob man den streicheln darf? Es scheint ein Baby-Hund zu sein, er ist wirklich sehr klein.

Er hält still, als Anne ihn streichelt. Dann wedelt er mit dem Schwanz und versucht, ihr Gesicht abzulecken. Anne krault ihn am Ohr. Aber das scheint er nicht zu mögen. Er schüttelt heftig den Kopf hin und her und rennt dann weg. Anne überlegt, ob sie ihm nachgehen soll. Dabei fällt ihr ein, daß sie ja einkaufen will. Was?

„Eine Packung Doktor Babys Müller-Windeln, eine Packung Doktor Babys Müller-Windeln." Beinah hätte sie es vergessen. „Eine Packung Doktor Babys Müller-Windeln." Anne geht weiter. „Eine Packung

Doktor Babys Müller-Windeln. Eine Packung Doktor Babys Müller-Windeln …"

Jetzt kommt ein interessantes Schaufenster: Da ist auf einem Plakat zu sehen, wie viele verschiedene Eissorten es im Laden zu kaufen gibt. Anne betrachtet ausführlich das Plakat und denkt, daß sie das Schokoladeneis mit Nüssen wählen würde, wenn sie sich eins aussuchen dürfte. Aber sie muß ja einkaufen. Und sie darf das lange Wort nicht vergessen: „Eine Packung Doktor Babys Windel-Müller, eine Packung Doktor Babys Windel-Müller, eine Packung Doktor Babys Windel-Müller."

Ein dicker Mann geht an ihr vorbei. Anne bleibt stehen und schaut hinter ihm her, bis er um eine Ecke verschwunden ist. Dann geht sie weiter. „Eine Packung Müller-Babys Doktorwindeln, eine Packung Müller-Babys Doktorwindeln", sagt sie leise vor sich hin. „Eine Packung Müller-Babys Doktorwindeln, eine Packung Müller-Babys Doktorwindeln, eine Packung …"

Beinah wäre sie in eine Pfütze getreten. Anne probiert mit der Schuhspitze aus, wie tief die Pfütze ist. Ziemlich tief, das Wasser läuft oben in den Schuh, bevor sie ihn zurückziehen kann. Nicht so schlimm, denkt Anne. Das wird wieder trocken. Hauptsache, ich weiß, was ich einkaufen soll: „Eine Packung Babymüllers Windeldoktor, eine Packung Babymüllers Windeldoktor, eine Packung Babymüllers Windeldoktor ..."

Auf der Straße muß ein Autofahrer scharf bremsen, weil ein Radfahrer links abgebogen ist, ohne Zeichen zu geben. Anne hört zu, wie der Autofahrer schimpft, und lernt ein paar schöne neue Schimpfwörter. Dann muß sie aber weiter. „Eine Packung Windel-Müllers Doktorbaby, eine Packung Windel-Müllers Doktorbaby, eine Packung Windel-Müllers Doktorbaby ..."

Auf der anderen Straßenseite rennt Mauro vorbei, der mit ihr zusammen in den Kindergarten geht. Anne bleibt stehen und ruft. Aber Mauro scheint sie nicht zu hören. Sie hätte ihm gern erzählt, daß sie einkaufen geht. Was? „Eine Windel Doktor Müllers Baby-Packung, eine Windel Doktor Müllers Baby-Packung, eine Windel Doktor Müllers Baby-Pakkung ..."

Da kommt Mauro schon wieder zurückgerannt. Warum rennt der so? Vielleicht muß er schnell etwas holen für seine Mutter. So wie sie: „Eine Windel Doktor

Babys Müller-Packung, eine Windel Doktor Babys Müller-Packung …"

Ah, da ist ja endlich die Drogerie!

Gut, daß sie sich das lange Wort bis jetzt gemerkt hat: „Eine Windel Doktor Babys Müller-Packung. Eine …"

Autsch, da ist Anne über die Schwelle gestolpert! So ein Mist! Bestimmt hat sie jetzt alles durcheinandergebracht vor Schreck.

„Na, kleines Fräulein, was möchtest du denn?" fragt die Verkäuferin.

„Eine Packung Doktor Müllers Baby-Windeln", sagt Anne zögernd. Ob das wirklich das lange Wort ist, das sie die ganze Zeit leise vor sich hingesagt hat? Oder ob sie es durch das doofe Stolpern durcheinandergebracht hat?

„Eine Packung Doktor Müllers Baby-Windeln? Die kannst du gern haben, hier bitte!" sagt die Verkäuferin. „Ist das alles?"

„Ja", sagt Anne, bezahlt, nimmt die Packung unter den Arm und rennt schnell nach Hause.

„Das hast du wirklich ganz, ganz toll gemacht", sagt Mama, als Anne zu Hause ankommt. „Ehrlich gesagt: Ich hätte kaum geglaubt, daß du dir dieses lange Wort merken kannst!"

„Ach, das war doch ganz einfach", sagt Anne stolz. „Wenn man sich das Wort immerzu leise vorsagt, dann kann man's ja schließlich nicht vergessen. Oder?!"

24

Die Sache mit dem „Sie"

Anne geht mit Mama einkaufen. Vor dem Nachbarhaus treffen sie den Briefträger. Er steckt gerade Briefe in die Hausbriefkästen.

Anne bleibt neben ihm stehen und fragt neugierig: „Hast du Post für uns?"

Er schaut in seiner dicken Posttasche nach, schüttelt dann den Kopf und sagt: „Nein. Für euch ist heute leider nichts dabei."

„Danke", sagt Anne und geht weiter neben Mama her.

Als der Briefträger sie nicht mehr hören kann, sagt Mama: „Anne, ich hab dir doch schon oft erklärt, daß du ‚Sie' sagen sollst: Haben *Sie* Post für uns!"

„Warum ‚Sie'?" fragt Anne. „Es war doch nur einer."

„Darauf kommt es nicht an", erklärt Mama. „Zu Leuten, die man nicht kennt, sagt man ‚Sie'!"

„Stimmt nicht", sagt Anne. „Als der Robert zum erstenmal bei uns war, hast du gefragt: ‚Willst *du* was zu trinken?'"

„Robert? Wer ist Robert?" fragt Mama.

„Siehst du, du kennst ihn jetzt noch nicht, und trotzdem hast du ihn mit ‚du' angeredet", sagt Anne. „Robert geht mit Hannes in dieselbe Klasse."

„Ach, ist das der, der ständig in der Nase bohrt?" fragt Mama.

„Ja."

„Na, das ist ja auch noch ein Junge. Man sagt nur zu Erwachsenen ‚Sie'!"

„Soll ich zu allen Erwachsenen ‚Sie' sagen?"

„Genau!"

„Zu allen?" fragt Anne noch einmal nach.

„Ja."

„Stimmt nicht!" sagt Anne mit Nachdruck.

„Du mußt nicht immer ‚stimmt nicht' sagen, wenn man dir etwas erklärt", sagt Mama ärgerlich. „Natürlich stimmt es."

„Sie meinen, ich soll zu allen Erwachsenen . . ."

„Wer ‚Sie'?" fragt Mama.

„Na, Sie!" sagt Anne und deutet auf Mama. „Dich meine ich!"

„Das darf doch nicht wahr sein!" sagt Mama lachend. „Zu mir brauchst du doch nicht ‚Sie' zu sagen."

„Na, siehst du!" sagt Anne.

„Früher war das allerdings anders", erzählt Mama.
„Früher hättest du sagen müssen: ‚Frau Mutter, darf
ich mit Ihnen einkaufen gehn?'"

„Da wäre ich lieber daheimgeblieben, als so was zu
sagen", meint Anne dazu.

„Das glaub ich dir sofort", sagt Mama lachend.

Nachdem Anne eine Weile neben Mama hergegan-
gen ist, sagt sie: „Jetzt weiß ich's aber immer noch
nicht!"

„Was?"

„Zu wem ich ‚Sie' sagen soll!"

„Es ist gar nicht einfach zu erklären! Laß mich nachdenken." Mama überlegt. „Jetzt hab ich's: Man sagt
‚Sie' zu allen Erwachsenen, die man nicht kennt."

„Aber den kenn ich doch!"

„Wen?"

„Na, den Briefträger."

„Ich meine: Zu allen Erwachsenen, die man nicht
gut kennt!"

„Den kenn ich gut", versichert Anne. „Der bringt uns
doch schon immer die Post. Ich weiß sogar, wie er
heißt!"

„Es ist gar nicht einfach, so einfache Sachen zu erklären", sagt Mama noch einmal. „Vielleicht verstehst du es so herum: Man sagt nur ‚du' zu Leuten, die man gut kennt und die man auch ganz besonders nett findet."

„Gut, daß ich dich und Papa nett finde", überlegt Anne. „Sonst müßte ich euch mit ‚Sie' anreden!"

„Uns doch nicht!" sagt Mama.

„Wieso nicht? Du hast gesagt, man muß alle Erwachsenen mit ‚Sie' anreden, die man nicht ganz besonders nett findet", sagt Anne.

„Ich hab etwas vergessen", sagt Mama. „Zu allen Verwandten darf man natürlich ‚du' sagen."

„Zu allen?"

„Ja!"

Mama und Anne gehen schweigend ein Stück weiter. Anne scheint nachzudenken. Nach einer Weile fragt sie: „Ist Tante Heidemarie eigentlich auch eine Verwandte?"

Mama seufzt. „Ja. Man kann es nicht leugnen", antwortet sie.

Anne denkt weiter nach.

„Und wie sagt man zu Verwandten, die man nicht besonders nett findet? ‚Du' oder ‚Sie'?" fragt sie.

Mama seufzt noch einmal. „Es ist einfach zu schwie-

28

rig", sagt sie. „Ich mach dir einen Vorschlag: Am besten, du sagst zu allen Leuten ‚du‘, wie bisher."

„Gut", sagt Anne. „Ich mach dir auch einen Vorschlag: Am besten, du sagst auch zu jedem ‚du‘! Wenn er ganz besonders nett ist, ist es ja sowieso richtig. Und wenn nicht, denkt er, du findest ihn ganz besonders nett und wird davon gleich ein bißchen netter!"

31

Angsthase

Es ist Sonntagmorgen. Hannes und Anne sind schon lange auf. Den Frühstückstisch haben sie bereits gedeckt. Aber Papa und Mama haben keine Lust aufzustehen.

„Laß uns noch ein bißchen schlafen, ja?" hat Mama gemurmelt, als Anne sie vorsichtig wecken wollte. Und Papa hat hinzugefügt: „Sonntag ist der einzige Tag, an dem ich ausschlafen kann, das weißt du ganz genau."

Hannes und Anne langweilen sich.

„Weißt du was? Wir gehen einfach ein bißchen raus!" schlägt Hannes vor.

Draußen treffen sie Ulli und Ulla, die Zwillinge aus dem Nachbarhaus. Jetzt sind sie schon zu viert.

„Was wollen wir spielen?" fragt Hannes.

„Verstecken", schlägt Anne vor.

„Fangen", sagt Ulla. „Fangen oder Gummihüpfen!"

„Ich weiß was Besseres", sagt Ulli. „Wir gehen zur Baustelle und bauen uns ein Haus aus Brettern."

„Das darf man nicht", wendet Anne ein.

„Da sind ja doch die Bauarbeiter, und die jagen uns weg", meint Hannes dazu.

„Arbeiter? Heute am Sonntag?" sagt Ulli spöttisch.

Das stimmt. Am Sonntag ist natürlich niemand auf der Baustelle. Die vier beschließen, sich dort ein wenig umzusehen. Gleich neben dem Schild „Betreten der Baustelle streng verboten" ist eine Lücke im Bauzaun. Da zwängen sie sich durch.

Erst versuchen sie, mit den Brettern, die da herumliegen, eine Hütte zu bauen. Aber es geht nicht. Die Bretter sind viel zu lang und viel zu schwer. Deshalb gucken sie sich die Baugrube an. Da soll wohl ein großes Haus gebaut werden, denn die Baugrube ist ziemlich tief.

„Wie tief ist die wohl?" fragt Hannes.

„Zehn Meter", meint Anne. Ihr kommt die Grube sehr, sehr tief vor.

„Zehn Meter? Du spinnst ja!" ruft Hannes lachend. „Das sind allerhöchstens drei Meter!"

„Zwei Meter fünfzig!" schätzt Ulli. „Da kann man ja runterspringen. Das sind höchstens zwei Meter fünfzig."

„Runterspringen?" ruft Anne entsetzt und schaut

Ulli an, um zu sehen, ob er vielleicht nur Spaß gemacht hat. „Da kann man doch nicht runterspringen, nie, nie, nie!"

„Warum denn nicht?" sagt Ulli großspurig. „Jetzt paß mal auf!"

Er hält sich an ein paar dicken Grasbüscheln fest, die am Rand der Baugrube wachsen, und rutscht vorsichtig an der Grubenwand hinunter, bis er mit ausgestreckten Armen an den Grasbüscheln hängt. Nun sind seine Füße gar nicht mehr weit vom Boden entfernt. Ulli läßt los und springt.

Er ist selbst überrascht, daß er so gut unten angekommen ist, und brüllt gleich begeistert: „Ganz einfach! War ganz leicht, das könnt ihr auch. Los, kommt herunter!"

Ulla schaut vorsichtig über den Rand der Grube.

„Sei kein Angsthase!" schreit Ulli von unten.

Da macht sie es genau wie er. Sie hält sich an den Grasbüscheln fest und springt hinunter.

„Jetzt ist Hannes dran!" rufen die beiden in der Grube. „Los, Hannes! Spring, Hannes!"

Hannes hat Angst. Aber als die beiden da unten immer wieder rufen: „Los, spring doch! Trau dich doch!", da springt auch er.

Nun steht Anne ganz allein oben.

Die drei in der Grube rufen: „Anne, jetzt bist du dran! Los, spring!"

Aber Anne traut sich nicht.

„Nein, ich mag nicht", sagt sie.

„Angsthase! Los, spring!" rufen Ulli und Ulla.

„Ist gar nicht schlimm, bestimmt!" ruft Hannes.

„Nein, ich hab keine Lust", antwortet Anne.

„Du hast ja nur Angst!" schreien die drei in der Grube. „Angsthase, Angsthase! Du hast ja Angst!"

„Ja", sagt Anne.

„Was heißt ‚ja'?" fragt Ulli erstaunt.

„Ja, ich hab Angst. Ich springe nicht", sagt Anne.

„Angsthase, Angsthase, Angsthase!" singen die drei unten in der Grube.

Anne ist sauer. „Wenn ihr so doof seid, geh ich heim!" droht sie und dreht sich um.

Die drei in der Grube singen nur noch lauter. „Angsthase, Angsthase, Angsthase!"

Da geht Anne wirklich weg.

Die drei wollen ihren Spottvers hinter Anne hersingen. Deshalb versuchen sie, schnell aus der Grube zu klettern, um hinter ihr herzurennen.

Aber es geht nicht. Sie kommen nicht heraus. Die

Grube hat nur vier steile, glatte Wände. Es gibt keine Treppe, keinen Aufgang. Sie versuchen, an den glatten Wänden hochzuklettern, aber sie rutschen immer wieder ab. Und den Rand der Grube können sie mit ihren Händen nicht erreichen.

Nun werden die drei da unten ziemlich kleinlaut.

„Mann, ich muß heim. Bei uns gibt's sicher schon längst Frühstück", sagt Hannes. „Ich muß unbedingt hier raus!"

„Denkst du, wir müssen nicht raus?" ruft Ulli. „Glaubst du, wir wollen hier unten bleiben bis Montag, wenn die Bauarbeiter kommen?"

„Ich will raus!" sagt auch Ulla.

„Wenn nur Anne nicht weggegangen wäre", meint Hannes. „Sie könnte unseren Papa holen. Der würde uns raushelfen."

„Euren Papa?" ruft Ulli entsetzt. „Bloß nicht! Der wird doch sicher sauer, wenn er sieht, daß wir auf der Baustelle waren."

„Was willst du denn dann machen?" fragt Ulla.

„Wenn uns keiner herausholt, müssen wir den ganzen Tag hier unten bleiben und die ganze Nacht. Und am Montag entdecken uns die Arbeiter. Was glaubst du, wie die dann schimpfen!"

36

„Du hast recht. Wir müssen rufen. Vielleicht hört uns jemand", sagt Ulli.

Zu dritt rufen sie: „Hallo, hallo!"

Dann lauschen sie. Niemand antwortet. Sie versuchen es noch einmal. „Hallo! Hört uns jemand? Wir sind hier unten! Hallo! Hallo!" Es klingt recht kläglich.

Da taucht plötzlich Anne oben am Rand der Grube auf.

„Anne! Da bist du ja!" rufen alle drei durcheinander. „Bist du denn nicht weggegangen?"

„Nein", sagt Anne. „Ich hab mich nur ein bißchen auf die Bretter dort drüben gesetzt. Weil ich mich so geärgert habe über euch!"

„Anne, du mußt Papa Bescheid sagen. Er soll uns hier herausholen", sagt Hannes aufgeregt. „Wir schaffen das nicht allein!"

Jetzt kriegt Anne einen Lachanfall.

„Ihr kommt nicht mehr raus? So was Komisches!" ruft sie. „Sie kommen nicht mehr raus, sie kommen nicht mehr raus!"

„Ja", sagt Hannes ärgerlich.

„Aha, und jetzt braucht ihr den Angsthasen, was?" sagt Anne.

„War doch nicht so gemeint", sagt Ulli.

„Los, geh halt und hol Papa hierher!" bittet Hannes.

„Sei doch jetzt nicht bockig!"

„Nein, ich hol ihn nicht", sagt Anne.

„So was Gemeines! Nur weil wir ein bißchen ‚Angsthase' gerufen haben", schimpft Ulla.

„Regt euch doch nicht auf! Ich hole Papa nicht, weil ich etwas viel Besseres weiß", sagt Anne lachend. „Vorhin, bei den Brettern, da hab ich nämlich eine Leiter liegen sehn!"

Anne schleift die Leiter zur Grube und läßt sie hinunter.

Die drei da unten rücken die Leiter zurecht und steigen einer nach dem andern heraus.

Hannes legt seiner Schwester den Arm um die Schultern. „Anne, du bist ganz, ganz große Klasse!" sagt er dabei.

Und Ulli und Ulla nicken anerkennend.

ANNE LÖST EIN PROBLEM:

WENN ICH MIT HOLGER SPIELE, IST MARKUS IMMER BELEIDIGT...

SPIEL ICH MIT MARKUS, DANN IST HOLGER SAUER!

AM BESTEN, ICH SPIEL MIT FRANCA! ERSTENS IST DANN NIEMAND SAUER...

...UND ZWEITENS HABEN IHRE ELTERN EINE ECHT ITALIENISCHE EISDIELE!!

Das geht Frau Neugebauer überhaupt nichts an

Als Hannes aus der Schule kommt, spielt Anne gerade im Kinderzimmer mit ihrem Bauernhof und ihren Holztieren.

Hannes stürmt ins Zimmer, knallt den Schulranzen auf den Boden und legt sich mit seinen schmutzigen Schuhen aufs Bett.

„He, paß doch auf! Beinah hättest du meine Kuh umgeworfen!" ruft Anne.

„Selber Kuh!" brummelt Hannes.

„Und wenn jetzt ein Bein abgebrochen wäre?" sagt Anne.

„Du sollst sowieso nicht auf dieser Seite spielen. Das ist *meine* Seite vom Zimmer", antwortet Hannes.

„Mann, du bist vielleicht schlecht gelaunt!" ruft Anne. „Hat dich der Lehrer geärgert?"

„Nein!"

„Die anderen Kinder in der Schule?"

„Quatsch!"

„Wer denn dann?"

„Die Mama."

„Die Mama! Unsere Mama?" Anne wird neugierig, hört auf zu spielen und setzt sich neben Hannes aufs Bett. „Was hat sie denn gemacht? Erzähl doch mal!"

Erst will Hannes nicht, aber als Anne weiter drängt, sagt er zögernd: „Sie hat sich mit Frau Neugebauer über mich unterhalten."

Anne ist richtig enttäuscht. Sie hat wohl etwas ganz Gräßliches erwartet. „Das ist alles?" fragt sie. „Was soll denn daran schlimm sein?"

„Siehst du, du verstehst überhaupt nichts. Ich hab's ja gleich gewußt." Hannes ist sauer. „Du bist eben noch zu klein."

„Du kannst es mir ja erklären", meint Anne. „Darf sie sich denn nicht unterhalten?"

„Sie soll sich ja ruhig unterhalten. Aber nicht über mich. Und schon gar nicht, wenn ich dabei bin. Und das *hat* sie", erklärt Hannes.

„Ach so. Haben sie über mich auch was gesagt?" will Anne wissen.

„Bestimmt! Ich hab's zwar nicht gehört. Aber bestimmt haben sie über dich auch geredet."

„Was denn?" Anne ist ganz gespannt.

„Vielleicht, daß du immer so spät aus dem Kindergarten kommst …"

„Das ist ja gemein!" ruft Anne.

„… oder daß du neulich nachts ins Bett gemacht
hast …"

„Das ist ganz, ganz gemein, daß Mama das weiter-
sagt", ruft Anne wütend. „Das war doch nur, weil ich
geträumt habe, ich sitze auf dem Klo, und da …"

Hannes unterbricht sie. „Vielleicht hat sie es ja auch
gar nicht gesagt. Ich hab dir doch gerade erklärt, daß
ich nicht gehört habe, was sie über dich erzählt hat.
Ich hab nur gehört, wie sie sich über mich unterhalten haben."

„Was hat Mama denn über dich erzählt?"

„Als ich die Treppe hochkam, hat sie sich mit Frau
Neugebauer unterhalten. Ich hab noch gehört, wie
sie ihr das von dem Diktat mit neununddreißig Feh-
lern erzählt hat. Das wäre bis jetzt mein absoluter
Rekord, hat sie gesagt."

„So was!" sagt Anne mitfühlend. „Das ist aber nicht
nett von Mama."

„Das finde ich auch! Das geht Frau Neugebauer
überhaupt nichts an", sagt Hannes und setzt sich

auf. Er findet es tröstlich, daß seine Schwester ihn versteht.

„Und weißt du, was Frau Neugebauer zu mir gesagt hat, als ich an ihr vorbeiging? ‚Na, Hannes, was hört man da von dir? Neununddreißig Fehler! Was hat denn dein Vater dazu gesagt? Da mußt du dich aber ganz schön auf den Hosenboden setzen, öfter mal in die Bücher schauen, was?‘

Ich hab gar nicht gewußt, was ich antworten soll. Ich bin einfach ganz schnell vorbeigegangen. Und Mama hat auch noch gelacht!"

„Richtig gelacht?" fragt Anne ungläubig.

„Na ja, mehr gelächelt", sagt Hannes. „Sie hat gar nicht gemerkt, wie schlimm ich das fand."

Anne überlegt. „Sag Mama halt, sie soll das nicht mehr machen", schlägt sie vor.

„Dann heißt es nur wieder, ich wäre so schnell beleidigt", sagt Hannes beleidigt.

„Dann sag *ich* es eben", beschließt Anne. „Jetzt gleich, beim Mittagessen."

Das ist aber gar nicht so einfach. Denn vor dem Mittagessen hört Mama erst mal Papa zu. Der erzählt, daß es schon wieder Ärger im Geschäft gegeben hat. Und als Papa eine kleine Pause macht und

Anne gerade anfangen will, sagt Mama: „So, und jetzt essen wir erst mal unsere schöne Tomatensuppe!"

Nach der Suppe erzählt Papa, *warum* es schon wieder Ärger im Geschäft gegeben hat. Und als er wieder eine kleine Pause macht und Anne gerade anfängt mit: „Du, Mama ...", da sagt Mama: „Gleich, Anne! Jetzt wollen wir doch endlich mal den schönen Spinat essen."

Aber nach dem Spinat muß Papa noch schnell erzählen, daß der einzige im Geschäft, mit dem er keinen Ärger hat, Herr Wollmayer heißt. Und daß er Herrn Wollmayer und Frau Wollmayer morgen zum Abendessen eingeladen hat.

Danach schaut er auf die Uhr, wie jeden Mittag, und sagt: „Höchste Zeit, ich muß mich beeilen, die Mittagspause ist fast schon um."

Er zieht seine Jacke an und fragt nebenbei, wie jeden Mittag: „Und ihr? Wie geht's euch?"

Aber diesmal antworten Hannes und Anne nicht wie sonst: „Gut!" Nein, Anne sagt laut und deutlich: „Schlecht!"

„Schlecht?" sagt Papa verblüfft und setzt sich wieder hin. „Warum denn? Hast du Ärger gehabt?"

44

„Ich nicht, aber der Hannes", sagt Anne.

„Wieder Ärger in der Schule?" fragt Papa Hannes.

„Nein, er hat sich über Mama geärgert", antwortet Anne an seiner Stelle.

„Über mich? Ist das wahr?" fragt Mama erstaunt.

„Ja", sagt Anne eifrig. Sie ist ganz stolz, daß sie alles berichten kann.

„Jetzt laß doch mal endlich den Hannes zu Wort kommen", sagt Mama und fragt ihn: „Was hat dich denn geärgert?"

„Du hast der Frau Neugebauer weitererzählt, daß ich ein schlechtes Diktat geschrieben hab", sagt Hannes leise.

„Das hat dich geärgert? Aber du hast dich doch viel weniger über das Diktat aufgeregt als wir."

„Ich mag es aber nicht, daß es jetzt Frau Neugebauer weiß und vielleicht weitererzählt", erklärt Hannes.

„Ach, das tut sie doch nicht. Sie ist doch keine Klatschbase", beruhigt Mama ihn.

Jetzt mischt sich auch Papa ins Gespräch.

„Ehrlich gesagt, ich hätte es auch nicht sehr gerne, wenn du ihr irgendwelche Dinge aus dem Geschäft weitererzählst", sagt er zu Mama.

Mama ist beleidigt.

„Aber hör mal, ich werde doch Frau Neugebauer nicht erzählen, was du hier gesagt hast!" ruft sie.

Nun ist Hannes beleidigt.

„Siehst du: Von Papa sagst du auch nichts weiter!" mault er.

„Na gut, jetzt weiß ich, daß du das nicht magst. Ich werd daran denken und nichts mehr weitererzählen. Ja?" sagt Mama zu Hannes.

„Einverstanden?" fragt auch Papa.

„Ja", sagt Hannes.

„Ich auch", sagt Anne.

„Dann kann ich ja jetzt beruhigt wieder ins Geschäft gehen", stellt Papa fest und tut es.

Am nächsten Abend kommen die Wollmayers zu Besuch.

Das heißt, zunächst kommen sie erst einmal ganz lange nicht. Anne ist jedenfalls schon sehr ungeduldig.

„Wann kommen sie denn endlich?" fragt sie.

„Bald", sagt Mama. Sie und Papa haben den Tisch heute ganz besonders schön gedeckt. Mit kleinen Blümchen neben den Tellern.

„Sind die nett, die Wollmayers?" fragt Hannes.

„Ja, ich finde sie nett", antwortet Papa.

„Ob die uns was mitbringen?" überlegt Anne.

„Anne!" sagt Mama vorwurfsvoll.

„Wirklich! Denkst du nur an Geschenke, wenn Gäste kommen?" sagt Papa.

„Denk ich gar nicht. Ich hab nur mal so gefragt", erklärt Anne ihm.

Dann klingelt es endlich, und die Wollmayers sind da.

Sie sind wirklich nett. Und Geschenke haben sie auch mitgebracht. Für Mama einen Blumenstrauß, für Hannes ein Buch und für Anne ein kleines Holzpferd.

„Na, gefällt dir das Pferdchen?" fragt Herr Wollmayer, als Anne es ausgepackt hat und alle um den Tisch sitzen.

„Das paßt genau zu meinem Bauernhof, ganz genau!" sagt Anne strahlend.

„Ja, das hättest du nicht gedacht, daß sie dir etwas Passendes für deinen Bauernhof mitbringen, was?" fragt Papa. Und zu den Wollmayers sagt er lachend: „Bevor Sie kamen, hat sie nämlich noch gefragt: Ob die uns wohl was mitbringen?"

Anne beugt ihren Kopf dicht über den Tisch.

„Ach, jetzt hast du sie verlegen gemacht", sagt Mama lächelnd.

„Anne! Du brauchst dich doch nicht zu schämen", sagt Papa und stupst Anne freundlich an. Und den Wollmayers erklärt er: „Man merkt nämlich immer gleich, wenn sie verlegen ist, sie wird dann ganz rot."

„Ja, jetzt sieht man es ganz deutlich", sagt Frau Wollmayer und streichelt Anne über den gebeugten Kopf. „Das sieht ja niedlich aus zu ihren blonden Haaren!"

„Ja, ja", sagt Papa stolz. „Wenn sie etwas angestellt hat, braucht sie überhaupt nichts zu sagen. Das sehe ich ihr sofort an, sofort. Neulich kam sie auch einmal ins Wohnzimmer mit einem so roten Kopf, genau wie jetzt. Da hab ich nur so aus Spaß gefragt: Na, Anne, was hast du denn wieder angestellt? Und da hat sie mir doch tatsächlich gestanden, daß sie meinen Füllfederhalter aus dem Schubfach genommen hat. Wenn ich nicht zufällig gefragt hätte, hätte ich's vielleicht gar nicht bemerkt. Und wissen Sie, was sie damit wollte?"

„Nein, was denn?" fragt Herr Wollmayer gespannt.

„Sie wollte ihn an Ulli und Ulla weiterschenken, zwei Kinder aus der Nachbarschaft."

„Nein, tauschen", sagt Anne so leise, daß man es kaum hört.

„Ach ja, tauschen!" sagt Papa lachend. „Sie wollte den Füller gegen ein junges Meerschweinchen eintauschen. Stellen Sie sich das vor!"

„Aber das ist ja niedlich", sagt Frau Wollmayer entzückt.

„Niedlich? Na, ich weiß nicht!" antwortet Papa. „Jedenfalls gut, daß ich es noch gemerkt habe. Hannes ist da ganz anders. Dem sieht man nie an, wenn er etwas angestellt hat. Neulich ..."

Papa hört auf zu reden. Anne ist einfach aufgestanden und aus dem Zimmer gerannt.

„He, Anne, wo gehst du denn hin?" ruft er hinter ihr her. Aber sie gibt keine Antwort. „Warum rennt die denn einfach weg?"

„Sie ist beleidigt", sagt Hannes.

„Beleidigt? So schnell?" wundert sich Papa. „Hannes, geh und sage ihr, sie soll sich nicht so anstellen und wieder reinkommen! Sie kann doch nicht einfach wegrennen, ohne einen Ton zu sagen!"

Hannes findet Anne im Kinderzimmer. Sie hat ein

Kissen in der Hand und haut damit wütend auf ihr Bett ein.

„Du sollst wieder ins Wohnzimmer kommen, hat Papa gesagt", richtet Hannes ihr aus.

„Ich komm nicht! Nie mehr!" Anne heult fast vor Wut. „So eine Gemeinheit! Alles hat er weitererzählt, alles! Dabei haben wir doch darüber geredet. Und er hat versprochen, daß er nichts mehr von uns weitererzählt."

„Das hat Mama versprochen", stellt Hannes richtig.

„Ist doch egal!" schreit Anne wütend.

„Du brauchst deine Wut gar nicht an mir auszulassen", sagt Hannes friedlich, nimmt Anne das Kissen aus der Hand und setzt sich neben sie aufs Bett.

„Jetzt verstehst du, warum ich gestern so wütend war. Bestimmt erzählt er ihnen gerade, daß ich neununddreißig Fehler im Diktat gemacht habe."

„Dann gehen wir eben beide nicht mehr hinüber", sagt Anne entschieden. „Wir bleiben hier."

In diesem Augenblick kommt Papa ins Kinderzimmer.

Er hört gerade noch den letzten Satz und sagt gleich: „So seht ihr aus! Was glaubt ihr, warum Mama so gut gekocht hat? Was ist denn los mit euch?

Hannes, ich dachte, du willst Anne holen. Du willst doch wohl nicht auch hier bleiben?!"

Hannes schluckt erst einmal, dann sagt er mutig: „Am liebsten schon."

„Was ist eigentlich in euch gefahren?" ruft Papa ärgerlich. „War das so schlimm, daß ich das mit dem Füller erzählt habe?"

„Ja", sagt Anne.

„Aber ich habe es doch ganz freundlich erzählt, kein bißchen geschimpft", sagt Papa. „Und Wollmayers haben es auch nicht schlimm gefunden, sie haben gelacht darüber."

„Ja, eben! Gelacht!" ruft Anne empört.

„Also, jetzt sei mal nicht so empfindlich! Und schrei mich nicht an", sagt Papa. „Schließlich habe ich doch keine Lügen erzählt. Oder?"

„Hm", macht Anne.

„Oder hat ein einziges Wort *nicht* gestimmt bei meiner Geschichte?" fragt Papa nach.

„Doch, schon ..." fängt Anne an.

„Na, siehst du", fällt Papa ihr ins Wort. „Und jetzt spiel nicht länger die beleidigte Leberwurst und komm mit! Wir wollen anfangen zu essen."

„Hm", macht Anne noch einmal.

„Ich geh schon mal vor. Ich muß noch eine Flasche Wein aus dem Keller holen. Wenn ich wieder oben bin, seid ihr drüben, ja?" sagt Papa.

„Ja", sagt Hannes.

„Hm", macht Anne wieder, jetzt schon zum drittenmal.

Als Papa aus dem Zimmer gegangen ist, fragt Hannes unschlüssig:

„Und was machen wir, wenn Papa wieder anfängt zu erzählen, was ich angestellt habe oder was du Schlimmes getan hast?"

„Meinst du, er tut das wieder? Jetzt weiß er doch, daß wir das nicht mögen", sagt Anne.

„Ich wüßte schon, wie man Papa und Mama dazu bringt, daß sie aufhören mit den Geschichten über uns", meint Hannes nachdenklich. Er erzählt es Anne. Erst will sie nicht mitmachen. Aber Hannes verspricht: „Wir machen das wirklich nur, wenn sie wieder Sachen von uns erzählen." Und da ist sie auch einverstanden.

Hannes faßt Anne bei der Hand, und gemeinsam gehen sie ins Eßzimmer.

Während des Essens geht alles gut. Papa ist vollauf beschäftigt, zu essen und dazwischen allen Erwachsenen Wein nachzuschenken, er kommt gar nicht dazu, viel zu reden.

Aber gleich nach dem Essen geht es schon wieder los.

„Na, hat es euch geschmeckt?" fragt Mama.

„Ganz lecker!" lobt Hannes.

„Besonders der Nachtisch!" sagt Anne.

„Na, dann war es wohl doch gut, daß es der Hannes geschafft hat, unsere kleine Schmoll-Liese wieder zu beruhigen, was?" sagt Papa gut gelaunt und gießt sich schon wieder Wein ein.

„Hm", sagt Anne.

„Die beiden kommen anscheinend gut miteinander aus", meint Herr Wollmayer.

„Na, das sieht man doch!" sagt Frau Wollmayer und wendet sich an Anne. „Du verträgst dich sicher gut mit deinem Bruder, ja?"

Ehe Anne antworten kann, lacht Papa schon und ruft dazwischen: „Na, lassen Sie sich nur nicht durch den ersten Eindruck täuschen! Da fliegen manchmal ganz schön die Fetzen zwischen den beiden. Letzte Woche saß ich gerade hier im Sessel und las die Zeitung, das heißt: Ich wollte die Zeitung lesen! Da ging drüben ein Lärm los, daß ich dachte: Jetzt bricht der Boden vom Kinderzimmer durch. ‚Laß mich, blöde Kuh!' und ‚Hörst du auf!' – so kam's von drüben. Ein Getöse, sag ich Ihnen! Ich hätte nie gedacht, daß zwei Kinder so laut streiten können."

Hannes guckt zu Anne hinüber, Anne schaut Hannes an und nickt mit dem Kopf.

Hannes schluckt erst einmal, dann sagt er laut und vernehmlich: „Wenn du mit Mama streitest, ist es aber noch viel lauter!"

„Was redest du da!" sagt Papa und lacht. Aber Anne und Hannes merken, daß es gar kein sehr lustiges Lachen ist.

„Also Hannes! Wann sollen wir denn gestritten haben?" sagt Mama mit einem schiefen Lächeln. „Also, wie das klingt!"

„Doch, das habt ihr", sagt Anne. „Wegen Papas Haaren."

„Ja, als Mama so darüber gelacht hat", fügt Hannes noch hinzu.

„Die Geschichte müssen Sie uns aber erzählen", sagt Herr Wollmayer lachend zu Papa. „Wir krachen uns ja auch manchmal, meine Frau und ich. Ist ja auch nicht schlimm, wenn man sich nur hinterher wieder versöhnt. Aber wegen meiner Haare haben wir uns noch nie gestritten. Das müssen Sie uns erzählen!"

„Ach, das war gar nicht direkt gestritten", wehrt Papa ab und gießt sich erst mal Wein nach. „Es war ganz und gar unwichtig, nicht der Rede wert."

„Papa bekommt nämlich eine kleine Glatze, man sieht's nur noch nicht", erzählt Anne. „Und deswegen ..."

„Anne!" sagt Mama scharf. „Er hat ein bißchen Haarausfall am Hinterkopf, das ist alles", erklärt sie dann den Wollmayers.

„Ja, und deswegen steht er immer ganz lange im Bad und kämmt die Haare von links nach rechts", erzählt Hannes weiter.

„Damit man die kleine Glatze nicht sieht", sagt Anne dazwischen.

„Und vorgestern wollte Papa dann Mamas Haarspray. Damit die Haare genauso liegenbleiben, wie er sie gekämmt hat", erzählt Hannes.

„Und darüber hat Mama gelacht, und dann ist Papa sehr, sehr böse geworden", ergänzt Anne.

Jetzt kann man sehen, daß auch Papa rot wird, wenn er verlegen ist.

„Was ... was heißt hier ‚sehr, sehr böse'! Ich fand ...

fand sie nur albern, und ich habe eben keine Lust gehabt auf ... auf ihre Albernheiten", stottert Papa.

„Man muß doch nicht immer nur Albernheiten im Kopf haben – oder?"

„Natürlich nicht", sagt Frau Wollmayer besänftigend.

„Verlangt auch keiner", fügt Herr Wollmayer hastig hinzu.

„Und außerdem ... außerdem ..." Papa weiß nicht, wie er seinen Satz zu Ende bringen soll.

Mama kommt ihm zu Hilfe.

„Und außerdem ist es jetzt höchste Zeit, daß die Kinder ins Bett gehen", sagt sie.

„Ja, ihr geht jetzt ganz schnell ins Bett! Allerhöchste Zeit!" ruft Papa.

„Gute Nacht", sagt Anne ganz freundlich und gibt allen die Hand.

„Gute Nacht", sagt Hannes genauso höflich, dann gehen die beiden Hand in Hand aus dem Zimmer.

„Meinst du, Papa schimpft arg?" fragt Anne, als sie im Kinderzimmer sind.

„Glaub ich nicht", sagt Hannes. „Heute abend können sie nicht schimpfen, weil Wollmayers da sind. Und morgen ist schon alles nicht mehr so schlimm."

„Und außerdem haben wir doch keine Lügen erzählt", überlegt Anne laut, während sie ihr Nacht-
hemd aus dem Bett holt. „Oder hat nur ein einziges
Wort *nicht* gestimmt bei unserer Geschichte?!"

59

Hannes darf sich rächen

Eigentlich macht Hannes seine Hausaufgaben immer im Wohnzimmer am großen Tisch, während Anne in der Zwischenzeit im Kinderzimmer spielt.

Aber heute nachmittag macht Hannes seine Hausaufgaben im Kinderzimmer.

Erstens ist Mama nicht da. Sie ist mit Frau Neugebauer einkaufen gefahren. Und zweitens hat Anne ganz fest versprochen, daß sie nicht stören wird. Daß sie nur neben ihm sitzt und zuschaut, daß sie nicht redet und daß sie überhaupt kein bißchen Krach macht.

Gespannt rückt sie ihren Stuhl ganz dicht neben seinen und beobachtet alles, was Hannes macht.

Erst schlägt er sein Heft auf. Dann holt er den Füller aus dem Mäppchen und beginnt zu schreiben. Darauf macht er eine Pause und schaut die Wand an. Dabei murmelt er vor sich hin. Sosehr sich Anne auch anstrengt, sie kann nichts verstehen, außer „hmhm ... hmhmhm ... hm ... hmhmhmhm ...“

Sie schaut auch die Wand an, aber es gibt da eigentlich nichts Besonderes zu sehen. Anne steht auf und stellt sich hinter Hannes, um herauszufinden, wo genau er hinsieht. Sie schaut einmal links an seinem Kopf vorbei, einmal rechts. Aber entdecken kann sie nichts.

„Was machst du denn da hinter mir?" fragt Hannes unwillig und dreht sich um.

„Ich gucke", flüstert Anne kaum hörbar.

„Wie bitte? Kannst du nicht lauter reden?" sagt Hannes.

„Doch. Aber ich soll doch leise sein", antwortet Anne normal laut. „Ich hab gesagt: Ich hab geguckt."

„Geguckt? Was gibt's denn zu gucken?" will Hannes von ihr erfahren.

„Woher soll *ich* das wissen?" sagt Anne erstaunt.

„Dann hör jetzt auf mit dem Blödsinn", sagt Hannes und schreibt weiter. Kurz darauf betrachtet er schon wieder die Wand und murmelt dabei.

Anne rutscht vorsichtig von ihrem Stuhl und schlendert unauffällig zur Wand hinüber, die Hannes immer so angestrengt anschaut. Aber auch aus der Nähe gibt es nichts zu entdecken. Deshalb setzt sie sich wieder auf ihren Stuhl.

„Du, Hannes … flüstert sie.

Das Murmeln von Hannes wird lauter.

„Du, Hannes …" sagt sie noch einmal leise.

Hannes schaut noch aufmerksamer die Wand an und sagt dabei: „Siebzehn, neunzehn, einundzwanzig und drei ist vierundzwanzig."

„Du, Hannes …" sagt Anne wieder. Diesmal ziemlich laut.

„Vierundzwanzig. Vierundzwanzig und drei … und drei … Jetzt hast du mich rausgebracht! Jetzt muß ich alles noch einmal rechnen!" schimpft Hannes.

„Was gibt es denn? Du hast doch gesagt, du willst leise sein!"

„Warum guckst du immer auf die Wand?" fragt Anne.

„Tu ich doch gar nicht, ich rechne", erklärt Hannes. „Hier, diese ganzen Zahlen muß ich zusammenrechnen. Und dabei mußt du still sein, sonst verrechne ich mich."

Anne schaut auf die Zahlen im Heft.

„Wie bei uns im Bad", stellt sie fest.

„Was? Wieso?" fragt Hannes.

„Na, hier!" sagt sie und deutet auf die karierte Heftseite.

Hannes versteht immer noch nichts. „Was soll wie im Bad sein?" fragt er.

„Na, die vielen Vierecke hier, die Kästchen", erklärt sie ihm.

Hannes muß lachen. „Ach, du meinst: Wie die weißen Fliesen bei uns an der Badezimmerwand?" sagt er und guckt auf die Heftseite. „Du hast recht: Ganz viele kleine weiße Fliesen."

„Wozu sind die da?" fragt Anne.

„Zum Rechnen. Man muß die Zahlen immer genau in die Kästchen schreiben", erklärt Hannes.

Anne schaut aufmerksam auf die Heftseite.

„Das da steht aber nicht genau im Kästchen", sagt sie und deutet auf eine Zahl.

„Das da!" äfft Hannes sie nach. „Das ist eine Sieben."

„Aha", macht Anne. Sie deutet auf die Zahl daneben. „Und das ist eine Eins!" sagt sie.

„Woher weißt du das?" fragt Hannes überrascht.

„Weiß ich halt schon", sagt Anne stolz. „Und der Ring hier?" fragt sie weiter und deutet auf eine andere Zahl.

„Das ist eine Null", sagt Hannes. „Und jetzt bist du wieder ganz leise! Ich muß weiterrechnen."

Nach einer Weile legt Hannes den Füller zur Seite und steht auf.

„Bist du jetzt fertig?" fragt Anne.

„Nein. Ich geh nur mal in die Küche", sagt Hannes im Hinausgehen. „Ich mach mir was zu trinken."

Anne setzt sich auf den Stuhl von Hannes. Jetzt liegt das aufgeschlagene Heft genau vor ihr. Unten auf der rechten Heftseite sind noch viele Kästchen frei. Anne nimmt den Füller und versucht, eine Eins genau in eins der Kästchen zu schreiben. Das ist schwieriger, als sie es sich vorgestellt hat. Die Zahl wird immer viel zu groß. Deshalb versucht sie es mit dem Ring, der Null. Das geht auch nicht besser. Sie muß mindestens zehn Nullen schreiben, bis endlich eine so klein ausfällt, daß sie ins Kästchen paßt. Die anderen Zahlen probiert sie erst gar nicht aus, die sind sowieso zu schwer. Aber das Kreuzchen, das Hannes immer zwischen die Zahlen geschrieben hat, das geht leicht. Das kann sie auch.

Sie macht es wie Hannes: Sie schreibt zwei Kreuzchen, schaut lange die Wand an und murmelt „hmhm … hm … hmhmhm … hmmm …", dann zeichnet sie noch ein Kreuzchen und eine viel zu große Eins.

Als Hannes aus der Küche kommt, sagt Anne stolz: „Ich hab schon ein bißchen für dich weitergerechnet."

„*Was* hast du?" ruft Hannes entsetzt, schaut sich sein Heft an und fängt an zu schreien: „So eine Gemeinheit! Du kleines Biest! Alles hast du verschmiert! Jetzt muß ich alles noch einmal neu schreiben, alles!"

Wütend reißt er die Heftseite heraus und zerrupft sie in lauter kleine Fetzen.

Anne erschrickt. „Warum machst du denn das? Du machst ja alles kaputt!" ruft sie.

„*Du* hast doch alles kaputtgemacht! Alles verschmiert! Die ganze Seite!" schreit Hannes. „Das kann ich doch so nicht unserem Lehrer zeigen. Jetzt muß ich eine ganze Seite noch einmal neu schreiben. Das wirst du büßen!"

„Das wollte ich aber nicht!" sagt Anne fast weinend. „Wirklich nicht!"

„Das hilft jetzt auch nichts mehr! Die Seite ist hin!" schreit Hannes zornig und geht auf Anne los.

Anne weicht zurück.

„Du ... du darfst auch etwas kaputtmachen, was mir gehört", sagt sie hastig. „Wenn du was von mir kaputtmachst, sind wir wieder quitt, ja? Dann bist du nicht mehr so wütend, ja?"

„Kaputtmachen? Was denn kaputtmachen?" sagt Hannes mißtrauisch.

„Ganz egal. Irgendwas. Was du willst", bietet Anne ihm an. „Such dir was aus!"

„Ich mach es aber wirklich ganz kaputt!" sagt Hannes warnend.

„Das darfst du."

„Ich zerbrech es in lauter kleine Stücke!" droht Hannes.

„Das darfst du!"

„Und dann trampele ich darauf herum!"

„Das darfst du!"

„Und dann nehme ich die Stücke und werf sie in den Mülleimer, oder ich verbrenn sie oder werf sie ins Klo!"

„Das darfst du auch!"

„Das kann man dann aber nie mehr ganzmachen. Verstehst du, nie mehr!"

Anne schluckt. „Egal", sagt sie. „Du darfst kaputtmachen, was du willst. Such dir was von meinen Sachen aus!"

Hannes geht zu Annes Bauernhof und sieht sich die

Holztiere an. Anne schaut zu. Schließlich zeigt Hannes auf das Huhn.

„Das mach ich jetzt kaputt!" sagt er entschlossen und nimmt es in die Hand.

„Halt!" ruft Anne. „Nicht das Hühnchen. Du darfst alles kaputtmachen, was du willst. Aber nicht das Hühnchen. Es ist doch noch so klein!"

„Na gut", sagt Hannes ärgerlich und stellt das Huhn wieder an seinen Platz. „Dann nehme ich eben diese Kuh!"

Anne schüttelt heftig den Kopf. „Die Kuh?" sagt sie. „Nein, das geht nicht."

„Und warum nicht?"

„Weil ... es sind doch zwei Kühe, die sind verheiratet. Wenn du eine kaputtmachst, dann ist die andere doch so allein. Aber alles andere darfst du kaputtmachen. Was du willst."

„Dann nehme ich das Pferd, das ist sowieso allein", sagt Hannes und holt das Pferd aus seinem Pappkartonstall.

„Das ... das Pferd geht nicht!" ruft Anne hastig.

„Warum?"

„Das hat mir doch Herr Wollmayer geschenkt! Wenn er mal wiederkommt und fragt, wo das Pferd ist, dann kann ich doch nicht sagen: Das hat der Hannes kaputtgemacht und ins Klo geworfen. Oder?"

„Nein!"

„Aber alles andere kannst du kaputtmachen. Was du willst!" sagt Anne.

Hannes schaut sich im Kinderzimmer um. Unter Annes Kopfkissen liegt ein Teddybär. Hannes zieht ihn am Ohr hervor.

„Den mach ich jetzt kaputt!" sagt er triumphierend. „Da ist bestimmt Holzwolle drin. Oder Watte?"

„Nein, nicht meinen Teddy! Das geht nicht", ruft Anne.

„Warum nicht?"

„Den brauch ich doch zum Einschlafen. Wenn ich meinen Teddy nicht mehr habe, kann ich nicht einschlafen. Dann mußt du mir jeden Abend eine Einschlafgeschichte erzählen!"

„Jeden Abend? Du spinnst wohl!" sagt Hannes und wirft den Teddy schnell wieder zurück ins Bett.

„Aber alles andere kannst du kaputtmachen", sagt Anne. „Was du willst!"

Hannes denkt nach. „Ich zerschneide deine Anziehsachen", sagt er dann. „Welche Hose hast du am liebsten?"

„Die grüne", sagt Anne. „Aber die grüne geht nicht."

„Wieso?"

„Na, die hat doch Mama selbst genäht. Was glaubst du, was sie sagt, wenn sie sieht, daß du die Hose zerschnitten hast!"

„Stimmt!" sagt Hannes. „Anziehsachen kann man nicht nehmen. Was hast du denn sonst noch?"

Anne wühlt in ihrer Spielkiste und findet einen großen Kieselstein, den sie einmal vom Strand mitgebracht hat.

„Den darfst du ganz kaputtmachen", erlaubt sie großmütig und gibt Hannes den Stein.

„Wie soll ich denn den kaputtkriegen?" fragt Hannes.

Anne denkt nach. „Vielleicht ganz fest mit der Faust draufhauen", schlägt sie dann vor.

„Nein, den Stein will ich nicht", sagt Hannes und wirft ihn in die Spielkiste zurück.

„Und das hier?" fragt Anne und drückt Hannes einen hölzernen Bauklotz in die Hand.

„Bauklötze will ich auch nicht!" ruft Hannes und wirft den Bauklotz ebenfalls in die Kiste. „Ich will etwas, das ich richtig schön kaputtmachen kann!"

Anne wühlt jetzt ganz lange zwischen ihren Sachen,

schaut im Regal nach, unter dem Bett, im Schrank. Hannes guckt sich auch im Zimmer um.

„Du brauchst gar nicht mehr weiterzusuchen, ich hab schon was!" ruft er triumphierend und holt Annes Ball unter dem Schrank hervor. „Ich steche ein großes Loch rein, dann geht die ganze Luft raus!"

„Der Ball geht nicht!" ruft Anne und nimmt ihn Hannes weg.

„Wieso?"

„Den hab ich für morgen der Ulla schon ganz fest versprochen. Wir tauschen: Ich krieg für einen Tag ihren Roller und sie meinen Ball. Wenn ich das nicht mache, ist Ulla ganz traurig", sagt Anne. „Der Ball geht wirklich nicht. Aber alles andere kannst du kaputtmachen. Was du willst!"

„So, jetzt reicht's mir aber!" schimpft Hannes. „Wenn du mir jetzt nicht sofort etwas gibst, das ich kaputtmachen kann, dann nehm ich doch dein Hühnchen und werf es aus dem Fenster!"

„Gleich, gleich!" ruft Anne aufgeregt, rennt weg und kommt mit einem roten Filzstift wieder. „Geht das?" fragt sie. „Kannst du den kaputtmachen?"

Hannes nimmt den Filzstift und guckt ihn sich genau an.

„Der schreibt wohl nicht mehr, was?" fragt er mißtrauisch.

„Probier's doch aus!" schlägt Anne vor.

Hannes holt ein Stück von der zerrissenen Heftseite
und probiert den Filzstift aus. Man kann damit eine
schöne rote Linie ziehen. Der Stift scheint wirklich
noch ganz neu zu sein.

„So! Jetzt zerbrech ich den Filzstift, und dann trample
le ich darauf herum, und dann werf ich ihn in die
Mülltonne", kündigt Hannes an und schaut dabei
prüfend zu Anne hinüber.

Aber Anne scheint es gar nichts auszumachen.

Sie schaut gespannt zu, wie er den Stift in beide
Hände nimmt und versucht, ihn in der Mitte durch-
zubrechen.

Da muß Hannes grinsen. „So was Doofes!" sagt er
schließlich lachend. „Ich bin schon längst nicht mehr
wütend. Verstehst du: Ich hab überhaupt keine Wut
mehr! Hier, da hast du deinen Filzstift wieder!"

„Kannst . . . kannst ihn behalten", sagt Anne.

„Du schenkst ihn mir?" fragt Hannes überrascht.

„Nein . . . es . . . es ist nur, weil er dir doch sowieso
gehört", sagt Anne. „Ich hab dir nämlich, glaube ich,
aus Versehen deinen Filzstift gegeben."

Das Gegenteil-Spiel

Es regnet draußen. Hannes und Anne sitzen im Kinderzimmer und überlegen, was sie tun könnten.

„Weißt du ein Spiel?" fragt Anne.

Hannes denkt nach. Schließlich kommt ihm eine Idee. „Wir spielen Gegenteil!" schlägt er vor.

„Gegenteil? Wie geht das?" fragt Anne.

„Man sagt immer das Gegenteil von dem, was man eigentlich meint. 'Ja' heißt ‚nein'. Und umgekehrt."

„Gut, fangen wir an", sagt Anne.

„Hast du auch wirklich verstanden, was ich meine?" fragt Hannes.

„Nein!"

„Wieso denn nicht?" sagt Hannes ärgerlich. „Es ist doch ganz einfach. Du ..."

„Mensch, das war doch schon das Gegenteil!" ruft Anne lachend.

„Ach so!" Hannes merkt, daß sie schon mitten im Spiel sind. Er lacht auch und fragt: „Heißt du Anne?"

Anne nickt mit dem Kopf und sagt gleichzeitig:

„Nein!" Das ist gar nicht einfach. Sie muß schon wieder lachen.

„Lachst du?" fragt Hannes.

Anne nickt wieder und sagt: „Nein!"

„Bist du doof?" fragt Hannes.

Anne schüttelt den Kopf und sagt: „Ja!" Das ist noch schwieriger.

„Bin ich dein Bruder?" fragt Hannes weiter.

„Nein!"

„Regnet es?"

„Nein."

„Darf ich deinen Teddy wegwerfen?" Hannes nimmt den Teddy vom Bett auf.

„Nein ... äh ... ja! Ich wollte ‚ja' sagen", verbessert sich Anne hastig. Sie schaut ein bißchen besorgt zu ihrem Teddy hinüber.

„Ist das dein Ernst?"

„Nein!"

„Ich darf ihn wirklich wegwerfen?"

„J ... ja!"

„Aus dem Fenster?" fragt Hannes und macht das Fenster auf.

„Nein, nicht!" ruft Anne. „Doch, ja. Ja!"

„Ja oder nein?" fragt er nach.

„Ja", sagt Anne mutig.

„Na gut", sagt Hannes, schließt das Fenster und legt den Teddy zurück aufs Bett.

„Schenkst du mir dein Pferd?"

„Ja."

„Ist unser Spiel langweilig?"

„Ja."

„Ich finde es aber langweilig so", sagt Hannes. „Immer nur ‚ja' oder ‚nein'! Wir spielen es anders!"

„Wie denn?"

„Wir sagen von allem das Gegenteil. Immer das Gegenteil. Wenn ich sage ‚Es ist hell', heißt das ‚Es ist dunkel'. Und wenn ich sage ‚Mach die Tür auf', meine ich ‚Mach die Tür zu' und so weiter. Verstanden?"

„Ich glaube schon", antwortet Anne.

„Gut, das Spiel beginnt", sagt Hannes. „Eins … zwei … drei! Wir hören auf!"

„Warum denn jetzt schon?" fragt Anne.

Hannes lacht. „Das war schon ein Gegenteil. Ich hab gemeint: Wir fangen an!" erklärt er ihr.

„Ach so", sagt Anne und lacht auch.

„Warum weinst du denn?" fragt Hannes.

„Weil ich unser Spiel traurig finde!"

„Du bist ganz, ganz doof!" sagt Hannes.

„Wieso?" Anne ist gekränkt. Aber dann hat sie es begriffen, grinst Hannes an und sagt freundlich: „Und du bist ganz, ganz, ganz ... lieb!"

„Das sollst du mir büßen!" ruft Hannes. Anne rennt lachend weg, Hannes hinterher.

„Bleib sofort stehen!" ruft er.

„Mach ich doch, mach ich doch!" ruft Anne und rennt weiter.

Hannes fängt sie und hält sie hinten an der Hose fest. „Soll ich dich fürchterlich verprügeln?" fragt er drohend. Anne nickt.

Hannes holt mit der Hand weit aus, als ob er sie schlagen will und streichelt ihr dann ganz sanft über die Haare.

„Da kannst mich ruhig noch mal ganz fürchterlich böse hauen", erlaubt Anne großzügig.

Hannes streichelt sie noch einmal. „War das ernst gemeint, was du vorhin gesagt hast?" fragt er dabei.

„Ja", sagt Anne.

„Heißt das ‚ja' oder ‚nein'?" fragt er unsicher.

Anne grinst und sagt: „Du bist der böseste, fürchterlichste, gemeinste, fieseste und gräßlichste Bruder, den ich habe."

In der Gegenteil-Sprache kann man vieles sagen, was man sich sonst gar nicht sagt.

„Danke", sagt Hannes. „Und du ..."

„Und ich?" fragt Anne neugierig.

„Du bist zwar manchmal ganz schön schüchtern zu mir. Aber eigentlich finde ich dich ganz, ganz gemein!"

Und da jetzt beide die Gegenteil-Sprache können, spielen sie den ganzen Nachmittag das Gegenteil-Spiel. Auch als es längst schon aufgehört hat zu regnen.

Am Schluß erfinden sie sogar eine ganze Geschichte in der Gegenteil-Sprache.

Weil Hannes schon schreiben kann, Anne aber noch nicht, schreibt er die Geschichte auf. Sie heißt „Ein Gegenteil-Tag". (Eigentlich, meint Anne, müßte es „Eine Gegenteil-Nacht" heißen.) Als die Geschichte fertig ist, liest er sie Anne vor:

Ein Gegenteil-Tag.

Am Morgen wird es dunkel. Die Kinder schlafen ein und steigen aus dem Bett. Sie gehen aus dem Badezimmer und waschen sich. Dann nehmen sie das Handtuch und machen sich naß. Sie ziehen ihre Kleider aus und gehen aus der Küche zum Frühstück.

Nach dem Frühstück gehen sie ins Haus und rennen ganz langsam aus der Schule.

Vor dem Unterricht toben die Lehrer lachend und schreiend im Klassenzimmer umher. Da geht plötzlich die Tür zu, und der Schüler kommt herein. Sofort sind alle ganz laut und gehen zu ihrem Platz. „Warum war es denn wieder so still?" fragt der Schüler streng. „Könnt ihr denn nicht fünf Minuten laut sein?"

Danach packen die Lehrer ihr Lesebuch ein und lesen vor. Wer schlecht liest, wird gelobt. Liest ein Lehrer gut, dann sagt der Schüler: „Du mußt zu Hause weniger üben!" Manchmal sagt er auch: „Das war sooo gut, dafür muß ich dir eine Sechs geben." Dann ist der Lehrer fröhlich.

Um zwölf fängt die Schule endlich an, und die Kinder dürfen nach Hause.

Zu Hause sagt die Mutter zu ihnen: „Beeilt euch, das Mittagessen wird schon warm!"

Alle setzen sich unter den Stuhl und essen. Vor dem Essen gibt es noch eine Nachspeise. Danach werden die sauberen Teller in der Küche gespült, damit sie schmutzig werden. Anschließend werden sie aus dem Schrank geräumt.

Hinterher fragen meist die Kinder ihre Eltern: „Habt ihr für morgen Hausaufgaben auf?"

Sagen die Eltern „nein", dürfen sie erst Hausaufgaben machen. Antworten sie „ja", müssen sie gleich spielen. Sie spielen mit ihren Geschwistern oder mit ihren Feinden.

Meistens spielen sie bis fünf Uhr am Nachmittag, bis das Fernsehprogramm aufhört. Dann setzen sie sich hinter den Fernseher und schauen zu.

Später, wenn Vater endlich aus dem Haus geht, gibt es Abendbrot. Mutter ruft leise aus der Küche: „Stellt jetzt den Fernseher an und geht alle weg! Das Abendessen ist fertig!"

Vater schenkt sich ein schönes, warmes Bier ein, und alle legen sich Wurst unter ihr Brot.

Irgendwann später sagt die Mutter dann: „So, nun ist es schon ganz hell draußen! Die Kinder gehen jetzt schlafen!"

Die Kinder ziehen ihre Kleider an und steigen aus dem Bett. „Gute Nacht", sagt Mutter und macht das Licht an. Ganz langsam wachen die Kinder auf.

Später schaut die Mutter noch einmal ganz laut ins Kinderzimmer, ob die Kinder auch wirklich wach sind. Dann gehen auch die Eltern ins Schlafzimmer

und steigen aus dem Bett. Zuletzt knipsen sie noch
die Nachttischlampe an. Jetzt ist es im ganzen Haus
hell und ganz, ganz laut.

81

ER HAT EINEN GROSSEN HUND DABEI GEHABT...

SO WAS KENN ICH! SO WAS IST <u>GANZ</u> SCHLIMM!

NEIN, DER HUND WAR GANZ LIEB!

WAS WAR DENN DANN SCHLIMM ??!

DER HUND HAT ZWEI DOSEN KEKSE DABEI-GEHABT. EINE KLEINE UND EINE GANZ ARG GROSSE...

KEKSE? DAS WAR ABER NICHT SCHLIMM...

DOCH! DOCH! DENN DANN ~SCHLUCHZ~ HAT ER GESAGT: ~SCHLUCHZ~ "DIE KLEINE DOSE IST FÜR DICH, DIE GROSSE ~SCHLUCHZ~ IST FÜR DEINEN BRUDER"!!! ~ SCHLUCHZ ~ !!!

82

Die Geschichte vom Dummerchen

Anne ist ärgerlich.

„Ich soll ins Bett? Jetzt, nach dem Mittagessen? Am Tag? So eine Gemeinheit!" schimpft sie.

„Das ist überhaupt keine Gemeinheit", sagt Mama. „Du warst fast eine Woche krank. Du hast doch gehört, was der Arzt gesagt hat: Nach dem Mittagessen eine Stunde ins Bett!"

„Ich bin aber schon wieder gesund. Schon seit gestern", sagt Anne.

„Du bist gesund, ja. Aber du bist noch ein bißchen schwach. Wenn wir nicht aufpassen, bekommst du einen Rückfall. Du willst doch nicht noch einmal krank werden – oder?"

„Nein."

„Na, siehst du, mein Dummerchen!" sagt Mama und streicht Anne übers Haar.

„Aber ins Bett will ich auch nicht", sagt Anne schnell.

Mama versucht es noch einmal. „Schau, der Doktor hat gesagt, du sollst nach dem Mittagessen ein

Stündchen schlafen. Das hat er doch gesagt, nicht? Und ich finde das auch ganz richtig."

„Ich bin doch kein Baby mehr!" mault Anne.

„Das weiß ich doch!"

„Ulli und Ulla müssen nie am Tag schlafen. Und Hannes erst recht nicht", schimpft Anne. „Dabei hat der Hannes auch ein bißchen Grippe gehabt."

„Die sind ja auch alle älter als du", erklärt Mama geduldig.

„Älter, älter! Die dürfen immer alles, nur weil sie älter sind!" schimpft Anne weiter.

„Die dürfen überhaupt nicht ‚alles'!"

„Doch!" sagt Anne aufgebracht. „Die dürfen allein mit der Straßenbahn fahren, allein ins Kino, allein ..."

„Wenn du so alt bist wie Hannes, darfst du das auch", versucht Mama zu trösten.

„Ja – und dann ist der Hannes schon wieder älter als ich und darf andere Sachen, die ich nicht darf. Mofa fahren und so was ..."

Mama zuckt die Achseln. „Das ist nun mal so, da kann kein Mensch etwas ändern. Dafür ist es manchmal auch ganz gut, wenn man noch klein ist."

„Und wieso?" fragt Anne.

Mama muß erst ein bißchen darüber nachdenken, was es für Vorteile gibt. Endlich fällt ihr einer ein: „Man muß keine Hausaufgaben machen!" sagt sie. „Man darf ..."

„Man darf nachmittags schlafen, wenn die Großen auf den Spielplatz gehen", sagt Anne brummig.

„Anne, jetzt fang bitte nicht noch einmal von vorne an! Du mußt schlafen, da kommst du nicht drumherum", sagt Mama bestimmt.

Anne fällt etwas Neues ein. „Ich kann aber nicht schlafen", sagt sie. „Ich will ja. Aber ich kann nicht am Tag schlafen, wenn's draußen hell ist!"

„Das macht nichts", antwortet Mama. „Hauptsache, du liegst nach dem Essen eine Stunde und ruhst dich aus. Ruhen ist fast genauso gut wie schlafen."

„Das ist aber so langweilig!"

„Na gut, ich mach dir einen Vorschlag", sagt Mama. „Du legst dich jetzt ins Bett und versuchst zu schlafen. Ich mache mit Hannes den Abwasch. Dann schaue ich leise zu dir ins Zimmer. Wenn du immer noch nicht eingeschlafen bist, erzähle ich dir eine Geschichte. Gegen die Langeweile. Ja?"

„Ja", sagt Anne und legt sich ins Bett.

Als Mama nach einer Viertelstunde ganz leise die

Tür zum Kinderzimmer öffnet, um nach Anne zu sehen, setzt die sich sofort auf und sagt:

„Nicht, daß du denkst, ich schlafe! Ich kann nicht einschlafen, wenn es draußen hell ist. Hab ich dir ja gleich gesagt!"

Mama setzt sich auf die Bettkante. „Na schön", sagt sie seufzend. „Dann werde ich wohl die versprochene Geschichte erzählen müssen. Was soll's denn für eine sein?"

Anne überlegt. „Ein Märchen!" wünscht sie sich dann.

„Ein Märchen? Welches Märchen denn?" fragt Mama.

„Eins, das ich noch nicht kenne. Vielleicht so ein ähnliches wie das, was mir Papa mal erzählt hat", sagt Anne. „Da waren sieben Brüder, die wollten eine verzauberte Prinzessin befreien. Deswegen mußten sie eine Aufgabe lösen, eine ganz schwierige. Aber die großen Brüder haben es nicht geschafft, nur der Jüngste. Der wurde dann König und durfte die Prinzessin heiraten."

„So was kommt oft vor in Märchen", sagt Mama. „Soll ich das Märchenbuch holen und dir so eine Geschichte aussuchen?"

„Nein, lieber selbst erzählen", sagt Anne eifrig. „Fang einfach an, wir kriegen das schon hin!"

„Na gut, wenn du meinst!" sagt Mama lächelnd und beginnt:

„Es war einmal ein Vater, der hatte sieben Söhne. Alle seine Söhne waren wohlgeraten, stark und klug, konnten reiten und fechten, jagen und mit Pfeil und Bogen schießen. Nur der Jüngste war anders. Er konnte weder reiten noch fechten und mit Pfeil und Bogen traf er immer daneben. Deshalb wurde er von allen ‚der Dummling' genannt ..."

„So ist es richtig!" sagt Anne zufrieden. „Aber sag mal, Mama, warum sind das im Märchen immer Jungen? Kann der Jüngste nicht auch mal ein Mädchen sein?"

„Ein Mädchen?" sagt Mama erstaunt. „Aber wie soll die jüngste Schwester denn dann heißen?"

„Auch ‚der Dummling'!" beschließt Anne.

Mama lacht. „Ein Mädchen kann doch nicht ‚der Dummling' heißen, du Dummerchen!"

„Na gut, dann heißt sie eben Dummerchen", sagt Anne.

„Also, Dummerchen!" sagt Mama, und dann erzählt sie weiter: „Aber die jüngste Schwester konnte gar nichts. Sie saß den ganzen Tag hinter dem Ofen und spielte mit der Asche. So wurde sie von allen Dummerchen genannt. Den ganzen Tag mußte sie nur ..."

„Nur schlafen!" unterbricht Anne sie.

„Nur schlafen", wiederholt Mama gehorsam.

„So, und jetzt muß aber die Prinzessin geraubt werden!" bestimmt Anne.

„Nur Geduld!" sagt Mama. „Gleich passiert es. Hör nur zu: Nun geschah es eines Tages, daß die Tochter des Königs, die schöne Prinzessin, von einem Zauberer geraubt und in einen Turm eingeschlossen wurde, der hinter den dunklen Bergen in einem tiefen See stand.

Der König war untröstlich und ließ im ganzen Land ausrufen: ‚Wer meine Tochter, die Prinzessin, befreit, bekommt als Belohnung das halbe Königreich geschenkt!'"

„Und darf die Prinzessin heiraten!" flüstert Anne.

„Wie bitte?" fragt Mama.

„Und darf die Prinzessin heiraten!" sagt Anne ungeduldig.

„Ach so, das hätte ich beinahe vergessen: ‚Der bekommt als Belohnung das halbe Königreich geschenkt und die Prinzessin dazu!' – Ist es so richtig?" fragt Mama nach.

„Ja, genau!" sagt Anne.

„Eigentlich finde ich das ja nicht schön, daß er seine Tochter so einfach verschenkt", überlegt Mama laut.

„So ist das aber immer bei Märchen", erklärt Anne ihr. „Wir können ja sagen: Der darf die Prinzessin heiraten, wenn sie ihn mag!"

„Das gefällt mir schon besser", sagt Mama und erzählt weiter: „Als der älteste Sohn hörte, was der Ausrufer des Königs verkündet hatte, sattelte er sein Pferd, verabschiedete sich und ritt los, die Prinzessin zu befreien.

Er ritt drei Tage. Am Abend des dritten Tages kam er an ein dunkles Gebirge. Es führte nur ein Weg ins Gebirge hinein, und der ging durch eine tiefe, enge Schlucht.

Der älteste Sohn ritt geradewegs in die Schlucht hinein, die immer tiefer und enger wurde.

An der engsten Stelle versperrte ihm ein gräßliches Untier den Weg. Es war mit einer Eisenkette an die Felswand geschmiedet und war so groß, daß es fast die ganze Schlucht versperrte.

Als der älteste Sohn näher kam, knurrte es drohend

und richtete sich doch auf. Mutig nahm er den Bogen und schoß nach dem Untier, aber alle Pfeile prallten von seinem dichten Fell ab und konnten es nicht verletzen.

Da mußte der älteste Sohn dem Untier sein Pferd zum Fraß geben, damit es zur Seite wich und ihn durchließ.

Als er die Schlucht durchschritten hatte, kam er an einen großen, stillen See. Mitten im Wasser stand der Turm, in dem die schöne Prinzessin gefangen saß.

Er suchte das ganze Ufer nach einem Boot ab, aber er fand keins. Schließlich wurde er so müde, daß er sich niederlegte und einschlief.

In der Nacht kam ein weißer Vogel, setzte sich neben den ältesten Sohn auf die Erde und sang. Aber der schlief. Und da er schlief, sah er den Vogel nicht und hörte nicht, was er sang.

Als er am nächsten Morgen aufwachte, lag ein weißes Boot am Ufer. Er stieg hinein und wollte zum Turm hinüberrudern.

Da begann das Wasser zu rauschen, immer höher schlugen die Wellen, das Boot kippte, er wurde von einer riesigen Welle gepackt, höher gehoben als ein

Kirchturm und herumgewirbelt. Als er wieder zu sich kam, lag er mit nassen Kleidern am Ufer des Baches, der hinter ihrem Haus vorbeifloß.

‚Nun, hast du die Prinzessin gerettet?' fragte sein Vater.

‚Nein', sagte der älteste Sohn. ‚Und das Pferd ist auch verloren!'

Da sagte der zweitälteste Sohn: ‚So werde ich losreiten und die Prinzessin befreien!'"

„Du, Mama", unterbricht da Anne. „Mit dem zweiten, dritten, vierten, fünften und sechsten geht's jetzt genauso wie mit dem ersten Sohn! Hab ich recht?!"

„Ja", sagt Mama.

„Dann kannst du das weglassen beim Erzählen", sagt Anne. „Erzähl doch bitte gleich mit Dummerchen weiter, ja?"

„Meinetwegen", sagt Mama. „Das spart mir eine ganze Menge Zeit. Die sechs Brüder haben es also nicht geschafft. Nun kommt Dummerchen an die Reihe.

Als der sechste Bruder wieder zurück war, sagte Dummerchen zum Vater: ‚Dann werde ich wohl die Prinzessin befreien müssen!'

Die älteren Brüder lachten. Der Vater fragte: ‚Wie

willst du das tun, Dummerchen, wenn du doch nicht reiten kannst!'

,Zu Fuß gehen', sagte Dummerchen.

Da gab ihr der Vater einen Laib Brot mit für den langen Weg, küßte sie auf die Stirn, wünschte ihr Glück, und Dummerchen wanderte los.

Dreimal drei Tage mußte sie wandern, bis sie endlich in die Schlucht, zu dem Untier, kam.

Das Untier richtete sich auf und knurrte, als sie näher kam. ,Oh, ist das dein Magen, der da knurrt?' fragte Dummerchen. ,Du mußt ja großen Hunger haben!'

Und sie gab dem Untier den Rest des Brotes, den sie noch bei sich hatte.

,Danke', sagte das Untier mit rauher Stimme und stopfte sich das Brot ins Maul.

,Wenn du sowieso reden kannst, dann kannst du mir auch gleich sagen, was ich tun muß, um die Prinzessin zu befreien', meinte Dummerchen.

,Nicht schlafen, nicht schlafen!' murmelte das Untier kauend und gab den Weg frei.

,Nicht schlafen?' sagte Dummerchen. ,Das habe ich sowieso nicht vor. Das muß ich zu Hause jeden Tag nach dem Mittagessen, obwohl ich gar nicht will!'

Sie ging weiter, kam zum See, suchte vergeblich nach einem Boot und setzte sich schließlich ans Ufer. Am Abend wurde sie doch müde. Aber sie dachte an den Rat des Untiers und schlief nicht ein. In der Nacht kam ein weißer Vogel, setzte sich neben sie auf die Erde und sang:

> ‚Wirf drei Steine
> ins Wasser hinein!
> Einer soll schwarz,
> einer soll grau
> einer soll weiß
> wie mein Federkleid sein.‘

‚Danke, Vogel, danke!‘ sagte Dummerchen, und der Vogel flog davon.

Am nächsten Morgen sammelte sie am Ufer einen schwarzen, einen grauen und einen weißen Kieselstein auf, dann stieg sie in das weiße Boot, das nun am Ufer lag.

Das Wasser fing an zu brodeln und zu rauschen, immer höher schlugen die Wellen, da warf sie schnell den schwarzen Stein in den See, und das Wasser wurde wieder ruhig. Als sie ein paar Ruderschläge getan hatte, fing das Wasser wieder an zu rauschen, und die Wellen schlugen höher und höher. Schnell warf sie den grauen Stein ins Wasser, und die Wellen beruhigten sich ein zweites Mal.

Als sie aber weiterruderte, fing das Wasser noch heftiger an zu rauschen, und die Wellen hätten sie hochgehoben, wenn sie nicht schnell den weißen Stein hineingeworfen hätte.

Da wurde das Wasser ganz ruhig und klar, das Boot fuhr allein zum Turm und hielt davor an. Die Turmtür öffnete sich, und ein weißgekleidetes Mädchen kam heraus. Es stieg zu Dummerchen ins Boot und sagte: ‚Ich bin die Prinzessin. Du hast mich erlöst!‘ Dann fuhr das Boot wieder los, immer weiter, einen breiten Fluß hinauf, in einen Bach hinein, und als es schließlich am Ufer anhielt, stiegen sie aus und waren genau hinter ihrem Haus. Der Vater und die sechs Brüder kamen heraus und fragten erstaunt: ‚Wie bist du heil heimgekommen? Du bist ja gar nicht naß!‘

‚Ja‘, sagte Dummerchen. ‚Und die Prinzessin habe ich auch mitgebracht!‘

Da umarmten alle Dummerchen und die Prinzessin, der König wurde geholt, und alle feierten ein großes Fest, das drei Wochen, vier Tage, fünf Stunden und sechs Minuten dauerte."

„Wirklich eine schöne Geschichte!" sagt Anne zufrieden, als Mama zu Ende erzählt hat. „Aber ich weiß auch, wer in Wirklichkeit ein Dummerchen ist!"

Mama schaute Anne an. „Meinst du etwa dich?"

„Aber nein! Mich doch nicht!" sagt Anne unwirsch.

„Wen denn dann?"

„Dich!"

„Mich?" Mama staunt. „Wieso denn mich?"

„Weil du etwas falsch gemacht hast!" sagt Anne.

„Etwas falsch gemacht? Was denn?" fragt Mama.

„Du hast doch aus dem Dummling das Dummerchen gemacht. Aber du hast vergessen, aus der Prinzessin einen Prinzen zu machen. Jetzt kann Dummerchen die Prinzessin ja gar nicht heiraten!" sagt Anne vorwurfsvoll.

„Das ist aber wirklich schlimm!" gibt Mama zu. „Was machen wir da nur?"

„Weißt du, sooo schlimm ist das auch wieder nicht", sagt Anne tröstend. „Dann sind die beiden eben Freundinnen und können zusammen spielen."

„Großartig!" sagt Mama. „Und wie heißt das immer am Schluß in den Märchen?"

„Und wenn sie nicht gestorben sind ..." sagt Anne.

„Genau: Und wenn sie nicht gestorben sind, dann spielen sie noch heute!"

Grummel

Anne will ein Meerschweinchen haben.

Mama sagt: „Im Kinderzimmer ist gar kein Platz für einen Meerschweinkäfig!"

„Wir stellen ihn einfach auf den Balkon", schlägt Anne vor.

„Und im Winter? Da erfriert das Meerschweinchen ja da draußen", sagt Mama.

„Im Winter stell ich den Käfig ins Kinderzimmer, da ist es ganz warm", sagt Anne.

„Aha, du stellst den Käfig auf den Balkon, weil kein Platz im Kinderzimmer ist und ins Kinderzimmer, weil es auf dem Balkon zu kalt ist. Ist das logisch?"

„Ja", sagt Anne.

„Nein!" sagt Mama. Damit ist das Thema für sie abgeschlossen.

Hannes kann sich auch nicht für ein Meerschweinchen begeistern. „Ulli und Ulla haben auch ein Meerschweinchen ..." erzählt er.

Anne fällt ihm ins Wort. „Siehst du!" sagt sie.

„Und dieses Meerschweinchen …" erzählt Hannes weiter „… das knabbert immerzu an den Gitterstäben vom Käfig. Es macht fürchterlichen Krach. Da könnte ich nie einschlafen, nie! Mit so einem Tier im Zimmer!"

Aber so schnell gibt Anne nicht auf. Nach dem Abendessen versucht sie es bei Papa.

„Papa, darf ich ein Meerschweinchen haben? Ein ganz kleines?" fragt sie.

„Nein", sagt Papa. „Meerschweinchen stinken."

„Die stinken überhaupt kein bißchen", sagt Anne entrüstet. „Nur der Käfig stinkt, wenn man ihn nicht saubermacht."

„Na, siehst du!" sagt Papa und geht hinüber ins Wohnzimmer, um den Fernseher anzuschalten.

Kein Wunder, daß Anne sich ärgert.

„Schaut mal: Ein Zeichentrickfilm!" ruft Papa aus dem Wohnzimmer.

„Keine Lust!" antwortet Anne und geht ins Kinderzimmer. Dort spielt sie, daß sie ein Meerschweinchen hätte.

Es heißt Grummel und ist so zahm, daß es überhaupt keinen Käfig braucht.

Anne nimmt Grummel auf den Arm und streichelt

ihn. Grummel ist tiefschwarz und hat ganz zerzauste Haare, die in alle Richtungen wegstehen. Zuerst muß Anne ihn kämmen. Dann wird er gebürstet. Er ist wirklich ganz zahm, er rennt überhaupt nicht weg, bleibt ganz zufrieden auf ihrem Arm sitzen und schnurrt wie eine Katze, wenn sie ihn streichelt.

Grummel hat Durst. Anne nimmt den Wasserbecher, den Hannes immer benutzt, wenn er mit Wasserfarben malt. Sie geht mit dem Becher ins Bad und füllt ihn mit Wasser. Grummel schaut aufmerksam zu. Er merkt, daß er etwas zu trinken bekommt. Als sie den Wasserbecher auf ihrem Nachtkästchen absetzt, klettert Grummel gleich von ihrem Arm und fängt an zu schlürfen.

Seltsam: Je länger Anne spielt, daß sie ein Meerschweinchen hat, desto deutlicher kann sie es sehen. Schon fast so, als ob es wirklich da wäre.

„Warum guckst du mich so an, Grummel?" fragt sie. Grummel fiept mit ganz hoher Stimme.

„Ach, Hunger hast du!" sagt Anne. "Dann mußt du mit mir in die Küche kommen!"

Sie streckt ihm ihre Hand entgegen, Grummel kuschelt sich in ihre Armbeuge, sie gehen zusammen in die Küche.

„Möchtest du ein paar Reste vom Abendessen?"
fragt Anne.

Grummel fiept.

„Nicht?" sagt Anne erstaunt. „Lieber ein Marmeladenbrot?"

Grummel fiept.

„Ach so, Marmelade ohne Brot?" sagt Anne.

Grummel fiept zustimmend.

„Na gut, die kannst du haben", sagt Anne.

Da kommt Mama in die Küche. „Sag mal, mit wem redest du eigentlich?" fragt sie und schaut sich in der Küche um. „Und was willst du mit der Marmelade?"

„Ich rede mit Grummel", erklärt Anne.

„Mit wem?" fragt Mama verblüfft.

„Mit Grummel!" sagt Anne mit Nachdruck.

„Grummel? Wer ist das denn?" fragt Mama.

„Mein Meerschweinchen hier!" sagt Anne und streichelt Grummel auf ihrem Arm.

„Ach so, dein Meerschweinchen!" sagt Mama. „Es heißt Grummel? Darf ich es auch mal streicheln?"

„Sicher!" Anne hält Mama ihren Arm hin. Mama fängt an, die gleiche Stelle zu streicheln, die Anne eben gestreichelt hat.

„Ach, da sitzt der Grummel doch gar nicht mehr!" sagt Anne ungnädig. „Der ist doch am Arm hochgeklettert. Er sitzt jetzt hier oben. Siehst du ihn denn nicht?"

„Aha, da oben sitzt er jetzt", wiederholt Mama lächelnd und streichelt oben.

„Siehst du ihn denn?" fragt Anne und guckt Mama prüfend an.

„Eigentlich nicht", antwortet Mama. „Aber wenn du sagst, daß er da sitzt, dann wird es ja wohl stimmen. Er frißt wohl besonders gerne Marmelade, ja?"

„Ja. Am liebsten mag er Süßes."

„Na, dann will ich mal schauen, ob ich nicht etwas besonders Feines für ihn finde", sagt Mama, wühlt ganz unten im Küchenschrank und holt eine halbe Tafel Schokolade heraus. „Hier!" sagt sie und bricht einen Riegel davon ab. „Das ist für Grummel."

Grummel fiept.

„Das heißt ,Danke'!" übersetzt Anne und geht mit Grummel ins Kinderzimmer.

Dort fiept Grummel, daß er inzwischen keinen Hunger mehr hat. So muß eben Anne die Schokolade aufessen.

Papa lernt Grummel erst am Sonntag kennen. Am

Sonntagmorgen kommt Anne mit Grummel zum Frühstück. Sie setzt sich auf ihren Platz neben Papa, dann setzt sie Grummel auf seinen Platz neben ihrem Frühstücksteller und ermahnt ihn: „Bleib schön sitzen! Gleich gibt's was zu essen. Ich werd dich füttern."

Erst schaut Papa Anne nur verblüfft an. Schließlich fragt er:

„Redest du mit mir?"

„Nein, mit Grummel", erklärt Anne ihm beiläufig und beginnt, Grummel zu streicheln.

Hannes schaut lachend zu und sagt: „Jetzt spinnt sie wieder!"

„Wer, um Himmels willen, ist Grummel?" will Papa wissen.

„Grummel ist Annes unsichtbares Meerschweinchen", erklärt ihm Mama ernsthaft.

„Wie bitte?" fragt Papa.

Mama und Hannes lachen. Sie kennen Grummel ja schon.

„Hier, mein Meerschweinchen!" sagt Anne und hält es hoch. „Merkst du, es stinkt nicht! Nicht, Grummel?"

Grummel fiept.

„So was!" sagt Papa kopfschüttelnd und beginnt dann zu frühstücken.

Anne holt sich zwei Nußhörnchen aus dem Brotkorb und legt sie auf ihren Teller.

„He, was soll das?" sagt Papa. „Du weißt genau, daß wir nur vier Hörnchen aufgebacken haben. Für jeden eins. Du kannst dir nicht einfach zwei nehmen!"

„Ich hab *mir* nicht zwei genommen", antwortet Anne.

Papa schaut sie belustigt an. „Kann ich nicht mehr zählen?" sagt er. „Da bilde ich mir doch tatsächlich ein, daß ich zwei Hörnchen auf deinem Teller sehe!"

„Stimmt", sagt Anne. „Eins für mich, eins für Grummel."

„Das geht entschieden zu weit!" Papa nimmt ein Hörnchen von Annes Teller. „Du kannst dem Vieh ja ein Stück von deinem Hörnchen abgeben."

„Das ist aber ungerecht!" mault Anne. „Alle bekommen ein ganzes Hörnchen, nur ich muß meins mit einem anderen teilen!"

Papa schaut sie an und überlegt, ob er lachen oder schimpfen soll.

„Hier", sagt er schließlich lachend und gibt Anne ein

Stück von seinem Hörnchen ab. „Damit es nicht ganz so ungerecht ist."

Es stellt sich aber heraus, daß Grummel an diesem Morgen schon satt ist. Deswegen muß eben Anne Papas halbes Nußhörnchen aufessen.

Am Abend hat Anne Küchendienst. Sie soll den Tisch fürs Abendbrot decken. Aber das ist ziemlich schwierig. Sie kann nämlich nur mit der rechten Hand arbeiten, weil auf ihrem linken Arm Grummel sitzt.

„Warum trägst du jeden Teller einzeln ins Eßzimmer?" fragt Mama. „Nimm doch lieber gleich den ganzen Stapel, dann bist du schneller fertig!"

„Du siehst doch, daß ich nur eine Hand frei habe", sagt Anne vorwurfsvoll. „Ich kann Grummel schließlich nicht runterschmeißen."

„Hm", macht Mama und überlegt. „Wie wär's, wenn du deinen Grummel in die Hosentasche steckst, während du den Tisch deckst? Oder unter deinen Pullover?"

„Geht nicht", sagt Anne. „Dazu ist Grummel viel zu groß!"

„Zu groß? Ich denke, es ist ein junges Meerschweinchen?"

104

„Aber doch ein junges *Riesen*meerschwein!" erklärt Anne ihr. „Er wächst jeden Tag ein ganzes Stück. Siehst du nicht, wie groß er schon ist?"

Wenn Anne ganz genau hinschaut, kann sie Grummel auch wirklich sehen: Er sitzt zufrieden auf ihrem Arm, mümmelt vor sich hin und ist ungefähr so groß wie ein Dackel.

„Ach, das ist mir ganz egal", sagt Mama ein bißchen unwillig. „Hauptsache, der Tisch ist bald gedeckt!"

„Es fehlen ja nur noch vier Teller", sagt Anne und macht weiter wie bisher.

Später, beim Abendessen, wundern sich Hannes, Mama und Papa sehr.

Hannes fragt spöttisch: „Kannst du noch nicht bis vier zählen, Anne?"

Und Papa fragt: „Warum hast du denn fünf Teller hingestellt? Bekommen wir heute Besuch?"

„Ich ahne es schon", sagt Mama und fragt Anne: „Ist der fünfte Teller etwa für ein gewisses Riesenmeerschwein bestimmt?"

„Klar", sagt Anne. „Kann ich bitte mal eine Serviette für Grummel haben?"

Anne streichelt Grummel über den Kopf. Dabei muß sie ihren Arm ganz ausstrecken.

„Ist er denn schon wieder gewachsen?" fragt Mama. „So groß war er doch eben in der Küche noch nicht."

„Er wächst ziemlich rasend", erklärt Anne. „Deswegen hat er auch solchen Hunger."

„Jetzt reicht es mir aber", sagt Papa ärgerlich. „Jetzt ist Schluß mit dem Spielchen. Ab jetzt will ich keinen Grummel mehr am Tisch haben. Das geht mir zu weit!"

„Komm, wir gehn in unser Zimmer!" sagt Anne sanft zu Grummel und hebt ihn mit beiden Händen vorsichtig vom Tisch. „Die mögen dich nicht."

„Anne, ihr bleibt ... äh ... du bleibst hier!" befiehlt Papa.

„Nur, wenn Grummel auch bleiben darf", sagt Anne bestimmt.

„Gut, gut. Dann spiel eben weiter dein Grummel-Spiel", brummt Papa. „Hauptsache, wir können jetzt endlich anfangen zu essen."

Am nächsten Tag ist Grummel schon wieder ein ganzes Stück gewachsen. Diesmal ist er in die Höhe geschossen. Wenn Anne ihn ganz genau anguckt, merkt sie, daß er eigentlich so groß wie ein Äffchen ist. Er geht auch aufrecht auf den beiden Hinterbeinen, was ja sonst Meerschweinchen nicht unbedingt tun. Grummel ist eben ein ganz besonderes Meerschweinchen. Und noch etwas ist seltsam an ihm: Er trägt Kleider.

Es fängt damit an, daß Mama morgens fragt: „Anne, wo ist eigentlich dein zweiter Kniestrumpf? Ich hab dir schon tausendmal gesagt, daß du abends die Strümpfe nicht einfach durchs Zimmer feuern sollst. Sie gehören nebeneinander auf den Stuhl."

„Den hat Grummel angezogen. Siehst du's nicht?" fragt Anne und zeigt auf Grummel, der gerade auf den Tisch gehopst ist.

Mama schaut in die Richtung, die Anne zeigt, dreht sich aber gleich wieder zu Anne um und sagt ärgerlich: „Jetzt mach endlich Schluß mit den Spinnereien! Ich will wissen, wo dein zweiter Strumpf ist!"

Anne schaut zu Grummel hinüber. Der hüpft auf dem Tisch herum und deutet dabei unter das Bett. Anne bückt sich, guckt unters Bett und zieht den zweiten Kniestrumpf hervor.

„Hast du ihn da hingeworfen?" fragt Anne Grummel und schaut ihn dabei streng an. „Ich hab dir schon tausendmal gesagt, daß du dir nicht immer den Strumpf ausziehen sollst!"

„Wie soll das nur enden!" sagt Mama und geht kopf-schüttelnd aus dem Kinderzimmer.

In den nächsten Tagen wächst Grummel weiter. Er ist jetzt ganz genauso groß wie Anne. Natürlich kann sie ihn jetzt nicht mehr tragen. Er geht überallhin, wo Anne hingeht. Sogar mit aufs Klo.

Er sieht wirklich komisch aus, wenn er auf seinen beiden Hinterbeinen herumhopst, daß ihm die gelbe Sportmütze fast vom Kopf fällt.

Aber Anne hat auch eine ganze Menge Ärger mit ihm und seinetwegen.

Meistens setzt sich Grummel genau auf den Stuhl, auf den sich Papa gerade setzen will. Und Anne hat große Mühe, Papa davon zu überzeugen, daß er hier nicht sitzen kann. Weil er ja sonst Grummel zer-quetscht.

Einmal, als Papa die Sportschau im ersten Pro-gramm anschaut, schaltet der freche Grummel ein-fach um ins dritte Programm, wo gerade ein Zei-chentrickfilm läuft. Und Anne wird dafür angemault! Obwohl sie ja wirklich nichts dafür kann.

Wenn Anne viel zu spät aus dem Kindergarten nach Hause kommt, weil Grummel einfach nicht mitgehen wollte und ganz lange vor dem Schaufenster der

Tierhandlung stehengeblieben ist, wer wird da ausgeschimpft? Nicht etwa Grummel: Nein, Anne bekommt es ab!

Und dafür, daß Grummel den Rest der Schokolade unten aus dem Küchenschrank geklaut und aufgegessen hat, kann Anne ja nun wirklich nichts. Schließlich war Mama selbst so leichtsinnig gewesen, Grummel das Versteck im Schrank zu zeigen!

Anne kann ja Mama und Papa manchmal schon verstehen, wenn sie meinen, es sei höchste Zeit, den Grummel wieder verschwinden zu lassen. Aber was soll Anne machen? Schließlich hat sich Grummel schon so an sie gewöhnt.

„Anne, nun hör mal gut zu", sagt Mama eindringlich. „Du weißt doch genau, daß dein Grummel gar nicht da ist. Du bildest dir das doch nur ein. Es gibt keinen Grummel!"

„Anne, mach jetzt endlich Schluß damit! Das geht nicht so weiter", sagt Papa. „Ich hab einfach keine Lust mehr. Ich will von diesem Grummel nichts mehr hören!"

„Hörst du, Grummel? Hörst du, was sie sagen?" fragt Anne und guckt Grummel ganz streng an. „Du sollst endlich weggehen. Los, verschwinde!"

Da fängt Grummel an, so jämmerlich zu fiepen, daß Anne ihn doch wieder in den Arm nehmen muß. Sie geht mit ihm ins Kinderzimmer.

„Was sollen wir nur mit ihr machen?" fragt Mama ganz verzweifelt, als Anne gegangen ist. „Ich weiß keinen Rat."

Papa antwortet nicht, er denkt nach. „Vielleicht weiß ich etwas", sagt er nach einer Weile. „Mal sehen, ob es funktioniert."

Der nächste Tag ist wieder ein Sonntag. Papa macht Frühstück. Er stellt fünf Teller auf den Frühstückstisch.

„Für wen ist denn der fünfte?" fragt Hannes erstaunt.

„Na, für Grummel", sagt Papa ganz selbstverständlich. „Guten Morgen, Anne. Er sieht heute aber nicht gut aus. Hat er schlecht geschlafen?"

„Wer?" fragt Anne.

„Na, Grummel, wer denn sonst?" sagt Papa ganz selbstverständlich.

„Ach so", Anne nickt. „Ja, er hat schlecht geträumt."

Als sie sich auf ihren Stuhl setzen will, schreit Papa so laut „Halt! Nicht!", daß sie ganz erschrocken wieder aufspringt.

„Was ist denn? Warum darf ich mich denn nicht setzen?" fragt sie verblüfft.

„Du kannst dich doch nicht einfach auf Lucky setzen!" sagt Papa vorwurfsvoll und deutet auf den
Stuhl.

„Auf was?" fragt Anne.

„Auf Lucky. Lucky ist mein Opossum", erklärt Papa.
Hannes guckt Papa mit offenem Mund an.

„Opossum? So was gibt es ja gar nicht!" sagt Anne
ärgerlich.

„Was? Opossums gibt's nicht?" fragt Papa. „Dann
will ich dir mal beweisen, daß es Opossums gibt.
Hannes, hol mal das Lexikon!"

Hannes holt das Lexikon, Papa blättert darin,
schlägt eine Seite auf und gibt es an Hannes zurück.
„Hier, lies bitte mal vor", sagt er dabei. „Damit Anne
sieht, daß ich mir das nicht ausgedacht habe!"

„Opossum", liest Hannes stockend vor. „Das Opossum ist ein Beuteltier."

„Na, da hörst du's!" unterbricht Papa. „Willst du immer noch behaupten, daß es kein Opossum gibt?"

„Nein", sagt Anne zögernd.

„Gut", sagt Papa. „Du kannst weiterlesen, Hannes."

„Seine Heimat ist Nordamerika. Es hat ein grauweißes Fell, schwarz mit weißen Grannen und fast weißer Unterwolle ..." liest Hannes weiter und fragt: „Was sind denn Grannen?"

„Na, diese Streifen hier!" sagt Papa und deutet auf den Stuhl. „Steh doch mal auf, Lucky, damit man deine Grannen bewundern kann! Mach Männchen! Schön! Brav! Na, habt ihr's gesehen?"

„Mhm", sagt Anne leise und setzt sich auf einen anderen Stuhl.

Hannes schaut Papa nur völlig entgeistert an.

„So, dann wollen wir mal frühstücken", sagt Papa fröhlich. „Hier, dieses halbe Hörnchen geben wir Lucky. Du kannst die andere Hälfte für Grummel haben, Anne. Heute habe ich fünf Hörnchen aufgebacken."

„Hm", macht Anne. Sie ist ziemlich verwirrt. Während des Frühstücks redet sie kaum ein Wort mit Grummel, Papa dagegen unterhält sich die ganze Zeit mit Lucky. Die beiden scheinen besonders gute Laune zu haben.

Gleich nach dem Frühstück steht Anne auf und geht ins Kinderzimmer.

„Willst du denn nicht dem Lucky ‚auf Wiedersehn' sagen, bevor du gehst?" ruft Papa hinter ihr her.

„Ich seh ihn ja später wieder", antwortet Anne und macht schnell die Kinderzimmertür hinter sich und Grummel zu.

Am Nachmittag kommt Anne ins Wohnzimmer, wo Papa, Mama und Hannes sitzen und einen alten Spielfilm im Fernsehen anschauen. Als sich Anne in den vierten, freien Sessel setzen will, ruft Papa: „Vorsicht! Halt! Du kannst dich doch nicht einfach auf Lucky setzen. Hast du denn keine Augen im Kopf!"

Anne guckt etwas ratlos.

„Wo soll ich mich denn dann hinsetzen?" fragt sie.

„Du kannst dich ja mit Hannes zusammen in einen Sessel setzen", schlägt Papa vor.

Hannes rückt unwillig ein bißchen zur Seite, als sich Anne neben ihn in den Sessel zwängt. Aber es ist ziemlich unbequem, mit Hannes in einem Sessel zu sitzen. So steht Anne nach einer Weile wieder auf und geht ins Kinderzimmer.

Dann ist Abendbrotzeit. Papa stellt sechs Teller auf den Tisch.

„Warum denn sechs Teller?" fragt Anne.

„Es wird immer verrückter. Langsam spinnen alle", murmelt Hannes.

„Wieso? Hab ich mich verzählt?" sagt Papa. „Mama, ich, Hannes, Anne, Lucky und Grummel. Das sind sechs, wenn ich richtig gerechnet habe."

„Grummel ißt nicht mit", sagt Anne so leise, daß Papa es kaum versteht.

„Grummel ißt nicht mit? Hat er keinen Appetit?" fragt Papa.

„Nein", sagt Anne bedrückt. „Grummel ist weggegangen. Er ist zusammen mit Lucky weggegangen."

„Die beiden sind zusammen weggegangen?" fragt Papa.

Anne nickt.

„Nur für heute abend oder für immer?" fragt Papa weiter.

„Für immer", sagt Anne ganz leise und ganz traurig.

„Ach, dann können wir die beiden überflüssigen Teller ja wieder abräumen", sagt Papa und trägt die Teller in die Küche zurück. Als er wieder ins Eßzimmer kommt, hat Anne ihren Kopf ganz dicht über ihren Teller gebeugt.

Papa, Mama und Hannes fangen an zu essen.

Anne sitzt stumm da, ihre langen Haare berühren fast den Tellerrand, so tief hat sie immer noch den Kopf gesenkt.

114

„Na, Anne, jetzt fang doch auch an zu essen", sagt Mama sanft und streicht ihr übers Haar.

Anne nickt und richtet sich langsam auf.

„Dein Teller ist ja naß!" sagt Mama.

„Hast du geweint?" fragt Papa erstaunt.

Anne schüttelt den Kopf. Aber man sieht, wie zwei Tränen über ihr Gesicht rinnen und auf den Teller tropfen.

„Aber warum denn?" fragt Papa betroffen und hört auf zu essen.

„Wegen Grummel", sagt Anne leise, taucht ihren Zeigefinger in die kleine Tränenpfütze auf dem Teller und malt damit Kringel auf die Tellermitte. „Ich hab mich doch so an ihn gewöhnt. Und nun ist er einfach weggegangen!"

116

117

Anne will ein Zwilling werden

Anne schaut aus dem Kinderzimmerfenster. Draußen fahren Hannes, Ulli und Ulla Rad.

Anne kann nicht mitfahren. Sie hat noch kein Fahrrad. Außerdem kann sie noch nicht radfahren. Anne ärgert sich.

Nach einer Weile geht sie hinüber ins Wohnzimmer. Dort sitzt Papa im Sessel und liest Zeitung.

„Papa …" sagt Anne.

„Hm", macht Papa hinter der Zeitung. „Was ist?"

„Papa, warum darf der Hannes eigentlich immer älter sein als ich?" fragt sie vorwurfsvoll.

Papa läßt die Zeitung sinken und schaut Anne erstaunt an. „Was meinst du damit? Willst du mit ihm tauschen oder was?"

„Warum nicht?" sagt Anne. „Das wäre doch gerecht: Die ganze Zeit war er älter als ich, und ab jetzt darf ich mal älter sein als er."

Papa lächelt. „Das geht nicht", sagt er.

„Dann werden wir eben gleich alt", beschließt Anne.

„Das geht auch nicht."

„Doch, Ulli und Ulla sind auch gleich alt", sagt Anne.

„Das sind ja auch Zwillinge!" sagt Papa.

„Eben!"

„Was heißt: ‚eben'?"

„Dann werden wir eben Zwillinge, der Hannes und ich!"

Jetzt lacht Papa. „Zwillinge kann man nicht werden, das muß man von Anfang an sein. Wie stellst du dir das denn vor? Hannes ist doch viel größer als du!"

„Ich wachse eben ein bißchen schneller, und der Hannes wartet auf mich."

„Man kann nicht schneller wachsen", sagt Papa.

„Und warum sagt dann Mama immer, ich muß meinen Spinat aufessen, sonst wachse ich nicht?!" will Anne wissen.

Papa kratzt sich am Ohr. Das macht er immer, wenn er ganz knifflige Fragen beantworten muß. „Mama meint damit: Wenn du deinen Spinat nicht ißt, dann wächst du langsamer", sagt er. „Aber wenn du ihn ißt, dann wächst du normal. Verstehst du: Normal, aber nicht schneller."

Papa schaut Anne zufrieden an. Seine Erklärung hat ihm gefallen.

„Wenn man den Spinat nicht ißt, wächst man also langsamer?" fragt Anne.

„Ja."

„Dann soll eben Hannes keinen Spinat mehr essen. Er mag Spinat sowieso nicht gern", sagt Anne eifrig.

„Dann wächst Hannes langsam, und ich wachse normal, und wenn wir gleich groß sind, werden wir Zwillinge."

Papa kratzt sich wieder am Ohr. „Ich will es dir anders erklären", sagt er. „Wer ist größer: Opa oder ich?"

„Du bist größer", antwortet Anne. „Wieso?"

„Ich bin größer als Opa, und trotzdem ist er dreißig Jahre älter als ich", sagt Papa. „Auf die Größe kommt es überhaupt nicht an. Selbst wenn du zehn Zentimeter größer bist als Hannes, ist er immer noch drei Jahre älter als du."

„Du bist gemein!" sagt Anne empört. „Eben hast du noch gesagt, ich kann nicht Zwilling werden, weil Hannes größer ist. Und jetzt sagst du, auf die Größe kommt es überhaupt nicht an!"

„Das sagt man manchmal so", erklärt Papa. „Man sagt ‚größer', aber man meint ‚älter'. Ich habe gemeint: Es geht nicht, weil Hannes *älter* ist als du."

„Und was muß man tun, damit man älter wird?" fragt Anne interessiert.

„Gar nichts. Älter wird man von ganz allein. Man muß nur warten."

„Wie lange muß ich denn warten?"

„Worauf warten?" Papa versteht nicht, was Anne meint.

Sie muß es ihm wohl anders erklären.

„Wie alt ist der Hannes?" fragt sie.

„Neun. Das weißt du doch", antwortet Papa.

„Wie lange muß ich warten, bis ich auch neun bin?" fragt Anne weiter.

„Dreieinhalb Jahre."

„Dauert das lange?"

„Ja, ziemlich", sagt Papa. „Genau dreieinhalb Jahre lang."

„Na gut", sagt Anne seufzend. „Dann werden wir eben erst in dreieinhalb Jahren Zwillinge."

„Aber Anne!" sagt Papa. Er wird nun ein bißchen ungeduldig. „Verstehst du denn nicht: In dreieinhalb Jahren ist Hannes auch dreieinhalb Jahre älter geworden. Wenn du neun wirst, ist er schon zwölf."

„So was Ungerechtes!" schimpft Anne. „So was Ungerechtes. Immer bin ich jünger."

121

Eine Weile ist sie ruhig und denkt nach. Schließlich fragt sie: „Was kann man denn machen, damit man *nicht* älter wird?"

„Das gibt es nicht", sagt Papa. „Man wird älter, ob man will oder nicht. Es sei denn ..."

Papa zögert ein bißchen.

„Was?" fragt Anne.

„Es sei denn, man ist tot", sagt Papa und macht ein ernstes Gesicht. „Wer tot ist, bleibt tot. Der wird nicht mehr älter."

„Aha", sagt Anne. „Wenn Hannes tot ist, dann werde ich älter, er aber nicht, ja?"

„Anne!" ruft Vater entsetzt. „Du willst doch wohl nicht, daß Hannes tot ist?! Also, sag mal!"

„Natürlich nicht. Ich hab's ja nur überlegt. Dann könnte ich ja auch nicht mehr mit ihm spielen!"

„Eben!" sagt Papa. „Eben! So etwas darf man nicht einmal denken!" Er ist immer noch ganz entsetzt.

„Wieso nicht?" will Anne wissen.

„Weil ... weil man das eben nicht darf", sagt Papa als Erklärung.

„Aha", sagt Anne.

Papa legt jetzt die Zeitung endgültig weg. „Nun erzähl mir mal, wie du überhaupt auf so was kommst!"

sagt er. „*Ist* es denn wirklich *so* schlimm, daß Hannes der Ältere ist?"

„Immer darf er alles und ich nicht", murrt Anne.

„Jetzt übertreibst du aber gewaltig", meint Papa. „Was darf er denn alles?"

„Radfahren!"

„Und was sonst?"

„Viel", sagt Anne.

„Schau mal: Hannes ist nun mal älter als du. Und wenn man älter ist, kann man eben schon mehr als der Jüngere. Du bist halt die Jüngere. Das kann niemand ändern. Es sei denn ..."

Papa zögert wieder. Diesmal sieht er aber nicht so ernst aus, diesmal grinst er sogar ein bißchen.

„Was?" fragt Anne.

„Es sei denn, Mama und ich bekommen noch ein drittes Kind. Dann bist du sogar sechs Jahre älter als dein Bruder oder deine Schwester!"

„Sechs Jahre? Das ist toll!" freut sich Anne.

„Ja, findest du?"

„Ganz toll! Das machen wir", sagt Anne. „Dann darf ich mit dem Rad fahren und er noch nicht."

„Wer ist ‚er'?" fragt Papa. „Ach so, du meinst, das Baby wird ein Junge!"

„Wieso das Baby?" fragt Anne.

„Na, wenn du ein Brüderchen bekommst, dann ist es ja wohl erst mal ein Baby", sagt Papa.

„So ein Baby, wie es Frau Neugebauer hat?"

„Ja."

Anne wird ganz nachdenklich.

„Ist Mama dann wie Frau Neugebauer?" will sie von Papa wissen.

„Was meinst du damit?"

„Na, ob sie dann auch den ganzen Tag das Baby herumschleppt und ihm das Fläschchen gibt und ihm dann auf den Rücken klopft, damit es Bäuerchen macht, und es saubermacht ... Ob sie sich dann auch den ganzen Tag um das Baby kümmert?" fragt Anne.

„Ja, das würde sie sicher tun", sagt Papa. „Babys brauchen eben mehr Pflege als größere Kinder. Bei dir hat Mama das auch so gemacht, als du noch ein Baby warst. Hannes war damals ganz schön eifersüchtig, weil sie sich nur noch um dich gekümmert hat."

„Eifersüchtig auf mich? Obwohl er viel älter ist?" sagt Anne erstaunt. „So was!"

„Du kannst es dir ja mal in aller Ruhe überlegen, wie

du das fändest, das mit dem jüngeren Bruder", sagt Papa abschließend und nimmt seine Zeitung wieder auf.

Anne geht zurück ins Kinderzimmer. Dort schaut sie aus dem Fenster.

Hannes, Ulli und Ulla haben ihre Räder an die Garagenwand gelehnt. Sie sind gerade damit beschäftigt, mit Kreidestrichen ein Spielfeld auf den Bürgersteig zu zeichnen. Wahrscheinlich wollen sie „Himmel und Hölle" spielen. Anne öffnet das Fenster, damit sie besser zugucken kann.

„He, Anne! Komm runter und spiel mit!" schreit Hannes, als er sie da oben entdeckt. „Dann können wir zwei Mannschaften machen, Ulli und Ulla und wir beide."

„Ja, gleich", ruft Anne und will das Fenster wieder schließen. Da sieht sie, wie Frau Neugebauer mit dem Kinderwagen um die Ecke kommt. Anne bleibt noch ein bißchen am Fenster stehen und schaut von oben zu, wie Frau Neugebauer den Kinderwagen vor der Tür abstellt, das Baby herausholt und auf den Arm nimmt. Während sie mit dem Baby ins Haus geht, lacht sie das Baby an, redet mit ihm und wiegt es im Arm.

„Anne, komm doch, wir brauchen dich!" ruft Hannes von unten.

„Ja, sofort", ruft Anne zurück und schließt das Fenster.

Unterwegs macht sie noch schnell einen kleinen Abstecher ins Wohnzimmer.

„Papa …" sagt sie.

„Ja?" Papa läßt die Zeitung sinken.

„Ich hab's mir überlegt", sagt Anne.

„So schnell?" fragt Papa.

„Ich … ich will doch keine ältere Schwester sein", sagt Anne zögernd.

„Soso, aha!" antwortet Papa.

„Staunst du jetzt?" fragt Anne.

„Nein", sagt Papa und grinst wieder ein bißchen. „Ehrlich gesagt: Ich habe nichts anderes erwartet."

Paul Maar

Das kleine Känguruh und seine Freunde

Wenn es dem kleinen Känguruh zu langweilig wird, hüpft es auf Entdeckungsreise. Und seine Freunde, der kleine Hund, der kleine Bär, die Springmaus von nebenan und der kleine Biber, sind natürlich

mit von der Partie. Das heißt, wenn sie nicht gerade was Wichtigeres vorhaben.

Oetinger